IMPORTANT CRICKET MATCHES

1820-1829

Published by the Association of Cricket Statisticians and Historians, West Bridgford, Nottingham
1996
Typeset by Limlow Books
Printed by Tranters, Derby
ISBN: 0 947774 65 3

For this period it is difficult to collect additional details for the matches. Bowlers' names were not recorded for dismissals, and no bowling analyses are preserved. There are several matches where only one date (the commencing date) is shown, but it is not known what the exact duration was. In most cases there must have been at least two days play. It seems to have been customary to arrange a start date for matches and let them continue (except in unavoidable cases) until a result was achieved.

Thanks are due to Robert Brooke, Steven Draper, Kit Bartlett, John Goulstone, Roger Packham and Stephen Green (for use of the Library at Lord's) for their assistance.

Scores and Biographies notes several alternative versions to scores - some of these are obviously incorrect, but the others are not noted here as the versions printed in this book are accepted as most likely to be correct.

Philip Bailey

CRICKET MATCHES 1820

CAMBRIDGE UNIVERSITY v CAMBRIDGE TOWN CLUB

Played on Parker's Piece, Cambridge, May 23, 1820.

Cambridge Town Club won by 75 runs.

CAMBRIDGE TOWN CLUB

1	Bridges	b Coles	4	c Crowder		19
2	J.Page	b Coles	0	b Coles		2
3	W.Martin	b Coles	3	b Coles		4
4	H.Page	b Coles	38	b Nevill		5
5	H.Bird	b Coles	33	run out		28
6	J.Scott	b Fauquier	0	not out		26
7	M.Page	b Coles	0	b Coles		2
8	Dalby	b Fauquier	7	run out		8
9	Mott	run out	6	b Coles		0
10	Murcutt	not out	6	b Coles		1
11	Lawrence	b Nevill	2	b Coles		11
	Extras	b 21	21	b 23		23
	Total		120			129

1- 2- 3- 4- 5- 6- 7- 8- 9- 10-120

1- 2- 3- 4- 5- 6- 7- 8- 9- 10-129

CAMBRIDGE UNIVERSITY (King's College excluded)

1	Mr.J.M.Heathcote	b Scott	19	b H.Page		10
2	Mr.Williams	c M.Page	0	not out		3
3	Mr.Allen	b M.Page	1	b Scott		1
4	Mr.F.R.Crowder	c J.Page	3	b Scott		0
5	Mr.W.W.Greenway	c J.Page	0	b Scott		41
6	Mr.G.Coles	b Scott	0	b Scott		3
7	Mr.C.Nevill	b H.Page	2	run out		4
8	Mr.C.Oxenden	b H.Page	8	c J.Page		34
9	Mr.P.Hewett	b H.Page	0	b H.Page		2
10	Mr.G.L.W.Fauquier	b H.Page	4	b Scott		5
11	Mr.J.Guthrie	not out	2	b H.Page		22
	Extras	b 6	6	b 4		4
	Total		45			129

1- 2- 3- 4- 5- 6- 7- 8- 9- 10-45

1- 2- 3- 4- 5- 6- 7- 8- 9- 10-129

Cambridge University Bowling

	O	M	R	W		O	M	R	W
Coles				6					6
Fauquier				2					
Nevill				1					1

Cambridge Town Club Bowling

	O	M	R	W		O	M	R	W
Scott				2					5
M.Page				1					
H.Page				4					3

Umpires:

Toss:

The duration of the match is not known.

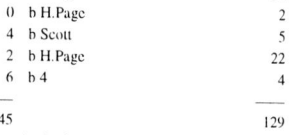

CAMBRIDGE UNIVERSITY v CAMBRIDGE TOWN CLUB

Played on Parker's Piece, Cambridge, May 30, 1820.

Cambridge University conceded the match.

CAMBRIDGE TOWN CLUB
1
2
3
4
5
6
7
8
9
10
11
    Extras

    Total   245   (6 wickets)   101
    1- 2- 3- 4- 5- 6- 7- 8- 9- 10-245   1- 2- 3- 4- 5- 6-

CAMBRIDGE UNIVERSITY (King's College excluded)
1
2
3
4
5
6
7
8
9
10
11
    Extras

    Total   75
    1- 2- 3- 4- 5- 6- 7- 8- 9- 10-75

Cambridge University Bowling
                            O   M   R   W   O   M   R   W

Cambridge Town Club Bowling
                            O   M   R   W

Umpires: Toss:

Details of the match are not known.

GENTLEMEN v PLAYERS

Played at Lord's, June 19, 20, 1820.

Gentlemen won by 70 runs.

GENTLEMEN (with Howard)

1	Mr.T.Vigne	b John Sherman	9	b Powell		11
2	Mr.T.O.Bache	c Wells	15	b Brown		0
3	T.C.Howard	b Brown	26	b Powell		11
4	Mr.E.H.Budd	b Brown	8	not out		51
5	Mr.G.F.Parry	c Beagley	0	b Beagley		9
6	Mr.W.Ward	b Powell	26	b Brown		33
7	Mr.H.J.Lloyd	b Beagley	0	b Brown		0
8	Mr.J.Brand	b Brown	15	b Powell		10
9	Mr.R.Lane	b Powell	0	b Brown		4
10	Mr.H.T.Lane	not out	3	b Powell		3
11	Hon.Col.H.C.Lowther	b Brown	1	run out		1
	Extras	b 8	8	b 6		6
	Total		111			139

1- 2- 3- 4- 5- 6- 7- 8- 9- 10-111

1- 2- 3- 4- 5- 6- 7- 8- 9- 10-139

PLAYERS

1	J.Bowyer	b Budd	12	not out		17
2	G.Brown	b Howard	2	c Parry		3
3	T.Beagley	b Howard	3	c Lloyd		4
4	J.Thumwood	st Howard	17	b Budd		4
5	W.Beldham	c Budd	16	b Budd		2
6	John Sherman	b Howard	7	c Lloyd		2
7	James Sherman	c Ward	0	run out		17
8	G.Wells	b Howard	0	st Howard		29
9	J.Sparks	c Howard	0	c Howard		13
10	H.Bentley	not out	15	b Howard		1
11	J.Powell	c Lloyd	12	c Vigne		1
	Extras			b 3		3
	Total		84			96

1- 2- 3- 4- 5- 6- 7- 8- 9- 10-84

1- 2- 3- 4- 5- 6- 7- 8- 9- 10-96

Players Bowling

	O	M	R	W	O	M	R	W
John Sherman				1				
Brown				4				4
Beagley				1				1
Powell				2				4

Gentlemen Bowling

	O	M	R	W	O	M	R	W
Budd				1				2
Howard				4				1

Umpires:

Toss:

Close of Play: 1st day:

It is not known which Thumwood played, James or John.

ENGLAND v HAMPSHIRE

Played at Lord's, July 3, 4, 5, 1820.

England won by 82 runs.

ENGLAND

1	H.Bentley	b Beagley	3	b Howard	6
2	J.Sparks	b Brown	25	b Holloway	36
3	G.Wells	st Howard	2	b Thumwood	21
4	James Sherman	b Brown	24	not out	30
5	W.Beldham	b Brown	2	b Holloway	0
6	Mr.E.H.Budd	b Brown	8	b Howard	56
7	Mr.G.F.Parry	c Smith	2	b Howard	9
8	Lord F.Beauclerk	b Howard	0	c Lillywhite	1
9	John Sherman	not out	23	c Holloway	0
10	J.Powell	b Brown	0	b Holloway	3
11	Hon.Col.H.C.Lowther	c Lillywhite	9	b Holloway	9
	Extras	b 4	4	b 7	7
	Total		102		178

1- 2- 3- 4- 5- 6- 7- 8- 9- 10-102

1- 2- 3- 4- 5- 6- 7- 8- 9- 10-178

HAMPSHIRE

1	C.Holloway	st Budd	20	c Budd	0
2	H.Lillywhite	b Budd	15	c Budd	7
3	T.C.Howard	c Sparks	8	run out	27
4	James Thumwood	b Budd	0	b Powell	27
5	T.Beagley	b Powell	2	run out	33
6	Mr.T.A.Smith	b Powell	0	st Sherman	2
7	John Thumwood	b Powell	0	not out	4
8	Mr.G.T.Knight	c Wells	8	c Beldham	1
9	G.Brown	not out	24	b Powell	3
10	Mr.W.Ward	c Beldham	5	b Powell	9
11	Mr.J.Mills	b Powell	1	b Powell	2
	Total		83		115

1- 2- 3- 4- 5- 6- 7- 8- 9- 10-83

1- 2- 3- 4- 5- 6- 7- 8- 9- 10-115

Hampshire Bowling

	O	M	R	W		O	M	R	W
Beagley				1					
Brown				5					
Howard				1				3	
Holloway								4	
Thumwood								1	

England Bowling

	O	M	R	W		O	M	R	W
Budd				2					
Powell				4				4	

Umpires: Toss:

Close of Play: 1st day: 2nd day:

It is not known wich Thumwood bowled, or which Sherman made the stumping.

M.C.C. v NORFOLK

Played at Lord's, July 24, 25, 26, 27, 1820.

M.C.C. won by 417 runs.

M.C.C.

1	Mr.J.Tanner	b Budd	0	c F.Pilch	0
2	Mr.J.Brand	b W.Pilch	38	c Brunton	13
3	Mr.D.G.Stacy	b W.Pilch	8	not out	9
4	Mr.W.Ward	c Ladbroke	278	c N.Pilch	10
5	Mr.H.T.Lane	b Budd	27	run out	15
6	Mr.H.J.Lloyd	b W.Pilch	22	c Budd	19
7	Mr.G.F.Parry	b Budd	10	run out	15
8	Lord F.Beauclerk	not out	82	st Budd	11
9	Mr.C.J.Barnett	b Budd	3	b F.Pilch	4
10	Hon.Col.H.C.Lowther	b F.Pilch	3	b F.Pilch	0
11	Mr.T.O.Bache	b Budd	0	b F.Pilch	9
	Extras	b 2	2	b 3	3
	Total		473		108

1- 2- 3- 4- 5- 6- 7- 8- 9- 10-473

1- 2- 3- 4- 5- 6- 7- 8- 9- 10-108

NORFOLK (with Budd, Vigne and Ladbroke)

1	Mr.W.J.Brereton	b Beauclerk	0	absent	0
2	N.Pilch	b Beauclerk	5	st Bache	52
3	Mr.E.H.Budd	b Beauclerk	2	c Parry	0
4	Mr.T.Vigne	b Beauclerk	11	absent	0
5	R.Frost	b Beauclerk	10	b Ward	3
6	W.Pilch	b Tanner	9	b Stacy	0
7	F.Pilch	c Stacy	0	b Ward	2
8	Mr.F.C.Ladbroke	c Beauclerk	28	absent	0
9	Mr.C.Brunton	b Lowther	21	b Ward	4
10	Mr.P.Gurdon	c Lloyd	6	( ) b Tanner	9
11	Mr.W.Quarles	not out	0	( ) b Ward	2
	Total		92		72

1- 2- 3- 4- 5- 6- 7- 8- 9- 10-92

1- 2- 3- 4- 5- 6- 7- 8-72

Norfolk Bowling

	O	M	R	W	O	M	R	W
Budd				5				
W.Pilch				3				
F.Pilch				1				3

M.C.C. Bowling

	O	M	R	W	O	M	R	W
Beauclerk				5				
Tanner				1				1
Lowther				1				
Ward								4
Stacy								1

Umpires: Toss:

Close of play: 1st day: 2nd day: 3rd day:

Ward's 278 was the first double century in an important match and he batted into the third day.

No one is shown in *Scores and Biographies* as not out in the Norfolk second innings.

CRICKET MATCHES 1821

CAMBRIDGE UNIVERSITY v CAMBRIDGE TOWN CLUB

Played on Parker's Piece, Cambridge, May 24, 1821.

Cambridge Town Club won by 24 runs.

CAMBRIDGE TOWN CLUB
1. H.Bird
2. J.Fenner
3. J.Hall
4. H.Page
5. M.Page
6. J.Page
7. J.Scott
8. W.Martin
9.
10.
11.
    Extras

    Total   133   150
    1- 2- 3- 4- 5- 6- 7- 8- 9- 10-133   1- 2- 3- 4- 5- 6- 7- 8- 9- 10-150

CAMBRIDGE UNIVERSITY

1	Mr.G.Wyndham	c H.Bird	6	b Scott	0
2	Mr.G.E.Hollest	c Hall	1	b Scott	0
3	Mr.G.S.Hume	c Fenner	1	( ) not out	97
4	Mr.C.Nevill	run out	6	c M.Page	6
5	Mr.J.Greenwood	b H.Page	2	b Scott	0
6	Mr.D.Onslow	b Scott	0	b H.Page	5
7	Mr.G.R.Marten	b Scott	2	b Martin	9
8	Mr.G.L.W.Fauquier	b H.Page	0	c J.Page	5
9	Mr.R.S.Battiscombe	b H.Page	12	b Martin	0
10	Mr.C.Oxenden	b Scott	4	b H.Page	17
11	Mr.H.Hannington	not out	16	(3) c M.Page	63
	Extras	b 5	5	b 2	2

    Total   55   204
    1- 2- 3- 4- 5- 6- 7- 8- 9- 10-55   1- 2- 3- 4- 5- 6- 7- 8- 9- 10-204

Cambridge University Bowling

             O   M   R   W   O   M   R   W

Cambridge Town Club Bowling

             O   M   R   W   O   M   R   W
H.Page   3   2
Scott   3   3
Martin   2

Umpires: Toss:

The duration of the match, the other three players for the Town Club and the details of the Town Club innings are unknown.

M.C.C. v GODALMING

Played at Lord's, July 3, 1821.

M.C.C. won by four wickets.

GODALMING

1	G.Wells	b Budd	21	b Beauclerk	22
2	James Thumwood	b Budd	9	c Barnett	21
3	T.Flavel	c Vigne	12	b Beauclerk	24
4	W.Searle	b Tanner	0	b Beauclerk	5
5	W.Beldham	st Vigne	12	c Nicholas	23
6	Mr.Hull	c Budd	13	c Nicholas	11
7	T.C.Howard	st Vigne	0	b Budd	5
8	John Thumwood	c Beauclerk	22	b Tanner	19
9	W.Mathews	st Vigne	1	b Beauclerk	3
10	Mr.W.Keen	c Bache	1	not out	0
11	Mr.F.C.Ladbroke	not out	0	c Beauclerk	2
	Extras			b 2	2
	Total		91		137

1- 2- 3- 4- 5- 6- 7- 8- 9- 10-91

1- 2- 3- 4- 5- 6- 7- 8- 9- 10-137

M.C.C.

1	Mr.R.Lane	c Hull	2	b Howard	14
2	Mr.W.Ward	c Wells	10	run out	43
3	Mr.E.H.Budd	b Flavel	10	c Beldham	28
4	Lord F.Beauclerk	b Flavel	16	not out	39
5	Mr.T.Nicoll	not out	22	b Howard	12
6	Mr.C.J.Barnett	c Hull	17	b Howard	2
7	Mr.T.O.Bache	b Flavel	5	not out	3
8	Mr.J.Tanner	b Flavel	0		
9	Mr.F.Nicholas	run out	2		
10	Mr.B.Aislabie	c Hull	4		
11	Mr.T.Vigne		0	( ) st Howard	0
	Total		88	(6 wickets)	141

1- 2- 3- 4- 5- 6- 7- 8- 9- 10-88

1- 2- 3- 4- 5- 6-

M.C.C. Bowling

	O	M	R	W	O	M	R	W
Budd				2				1
Tanner				1				1
Beauclerk								4

Godalming Bowling

	O	M	R	W	O	M	R	W
Flavel				4				
Howard								3

Umpires: Toss:

Scores and Biographies gives the visiting team as Godalming, Farnham and Hartley Row. No details are given for Vigne's dismissal in the first innings - possibly he was absent. The duration of the match is not known.

GODALMING v M.C.C.

Played at Godalming, July 9 1821.

M.C.C. won by 64 runs.

M.C.C.

1	Mr.J.Tanner	b Flavel	4	b Howard		6
2	Mr.R.Lane	b Howard	0	run out		0
3	Mr.W.Ward	b Howard	15	not out		25
4	Mr.E.H.Budd	b Howard	45	c Hull		12
5	Mr.J.Barnard	b Flavel	41	b Howard		10
6	Mr.H.J.Lloyd	b Howard	0	b Howard		3
7	Lord F.Beauclerk	c Beldham	8	c Flavel		29
8	Mr.C.J.Barnett	b Howard	15	c Thumwood		9
9	Mr.T.O.Bache	b Howard	2	b Flavel		3
10	Mr.F.Nicholas	b Howard	2	st Keen		2
11	Mr.B.Aislabie	not out	0	run out		11
	Extras	b 11	11	b 7		7
	Total		132			106

1- 2- 3- 4- 5- 6- 7- 8- 9- 10-132

1- 2- 3- 4- 5- 6- 7- 8- 9-106

GODALMING

1	Mr.W.Keen	b Budd	20	b Budd		0
2	T.Flavel	st Barnard	6	c Tanner		4
3	W.Searle	b Budd	13	st Barnard		6
4	J.Thumwood	st Budd	0	c Aislabie		8
5	W.Beldham	c Beauclerk	0	lbw		8
6	G.Wells	b Tanner	0	not out		2
7	Mr.Hull	b Tanner	5	c Lloyd		6
8	T.C.Howard	b Tanner	15	st Barnard		4
9	J.Thumwood	not out	32	c Barnard		11
10	W.Mathews	c Aislabie	16	c Tanner		15
11	Mr.F.C.Ladbroke	b Budd	0	run out		2
	Extras	b 1	1			
	Total		108			66

1- 2- 3- 4- 5- 6- 7- 8- 9- 10-108

1- 2- 3- 4- 5- 6- 7- 8- 9- 10-66

Godalming Bowling

	O	M	R	W		O	M	R	W
Flavel				2					1
Howard				7					3

Godalming Bowling

	O	M	R	W		O	M	R	W
Budd				3					1
Tanner				3					

Umpires: Toss:

Both M.C.C. innings add up 11 runs over. It is not known which Thumwood is which in the score. The duration of the match is not known.

M.C.C. v HAMPSHIRE

Played at Lord's, July 16, 17, 18, 1821.

M.C.C. won by 191 runs.

M.C.C.

1	Mr.J.Tanner	b Ward	4	b Thumwood	2
2	Hon.Col.H.C.Lowther	c Beagley	17	c Holloway	11
3	Mr.T.Nicoll	c Ward	22	b Thumwood	71
4	Mr.H.J.Lloyd	b Thumwood	15	b Thumwood	11
5	Lord F.Beauclerk	b Thumwood	43	b Thumwood	10
6	J.Sparks	c Dyer	5	b Thumwood	89
7	Mr.W.Deedes	b Thumwood	26	c Strathavon	4
8	Mr.C.J.Barnett	st Vigne	13	not out	15
9	Mr.F.Sullivan	b Smith	13	run out	20
10	Mr.T.O.Bache	not out	7	b Thumwood	8
11	Mr.J.E.G.Bayley	c Ward	0	st Vigne	6
	Extras	b 2	2	b 1	1
	Total		177		237

1- 2- 3- 4- 5- 6- 7- 8- 9- 10-177   1- 2- 3- 4- 5- 6- 7- 8- 9- 10-237

HAMPSHIRE

1	H.Lillywhite	c Sullivan	8	b Tanner	20
2	C.Holloway	b Beauclerk	0	b Tanner	39
3	T.Beagley	c Nicoll	48	b Tanner	20
4	Mr.W.Ward	c Sullivan	27	c Nicoll	2
5	J.Thumwood	c Lloyd	2	lbw	19
6	J.Lillywhite	b Beauclerk	9	b Beauclerk	0
7	Mr.T.Vigne	b Sparks	6	b Beauclerk	0
8	Mr.G.T.Smith	b Deedes	2	not out	2
9	Mr.W.C.Dyer	c Sparks	0	b Beauclerk	10
10	Lord Strathavon	b Sparks	0	run out	3
11	W.H.Caldecourt	not out	1	b Tanner	1
	Extras	b 2	2	b 2	2
	Total		105		118

1- 2- 3- 4- 5- 6- 7- 8- 9- 10-105   1- 2- 3- 4- 5- 6- 7- 8- 9- 10-118

Hampshire Bowling

	O	M	R	W	O	M	R	W
Ward				1				
Thumwood				3				6
Smith				1				

M.C.C. Bowling

	O	M	R	W	O	M	R	W
Beauclerk				2				3
Sparks				2				
Deedes				1				
Tanner								4

Umpires: Toss:

Close of play: 1st day: 2nd day:

Both M.C.C. innings add up incorrectly, first innings 10 short, second innings 11 over. It is not known which Thumwood played, James or John.

GENTLEMEN v PLAYERS

Played at Lord's, July 23, 24, 1821.

'The Gentlemen gave up the match.'

GENTLEMEN

1	Mr.J.Tanner	b Powell	5
2	Mr.T.Nicoll	b Ashby	11
3	Mr E.H.Budd	c Thumwood	3
4	*Lord F.Beauclerk	c Thumwood	7
5	Mr.W.Ward	run out	0
6	Mr.H.J.Lloyd	c Beldham	22
7	Mr.J.Townsend	b Thumwood	0
8	Mr.C.J.Barnett	b Sparks	4
9	Mr.W.Deedes	c Beagley	4
10	Mr.T.Vigne	b Ashby	1
11	Mr.J.E.G.Bayley	not out	1
	Extras	b 2	2
	Total		60

1- 2- 3- 4- 5- 6- 7- 8- 9- 10-60

PLAYERS

1	J.Sparks	c Nicoll	63
2	John Thumwood	st Vigne	29
3	John Sherman	c Townsend	10
4	Mr.W.C.Dyer	c Beauclerk	16
5	J.Powell	c Townsend	1
6	James Sherman	b Deedes	21
7	T.Beagley	not out	113
8	W.Beldham	not out	23
9	James Thumwood		
10	W.Ashby		
11	C.Holloway		
	Extras	b 2	2
	Total	(6 wickets)	278

1- 2- 3- 4- 5- 6-

Players Bowling

	O	M	R	W
Powell				1
Ashby				2
Thumwood				1
Sparks				1

Gentlemen Bowling

	O	M	R	W
Deedes				1

Umpires: Toss:

Close of Play: 1st day:

This match was played to celebrate the coronation of King George IV and was known as the 'Coronation' match. It is not known which Thumwood bowled or took the catches.

CRICKET MATCHES 1822

CAMBRIDGE UNIVERSITY v CAMBRIDGE TOWN CLUB

Played on Parker's Piece, Cambridge, May 20, 21, 1822.

Cammbridge University won by seven wickets.

CAMBRIDGE TOWN CLUB
1. H.Page
2. J.Scott
3. M.Page
4. J.Page
5. Meddlecott
6.
7.
8.
9.
10.
11.
   Extras

Total 74 134
1- 2- 3- 4- 5- 6- 7- 8- 9- 10-74   1- 2- 3- 4- 5- 6- 7- 8- 9- 10-134

CAMBRIDGE UNIVERSITY

1	Mr.G.Oxenden	b H.Page	0		
2	Mr.G.S.Hume	st Scott	23	not out	44
3	Mr.R.Elmhirst	b H.Page	1		
4	Mr.C.Nevill	c M.Page	29	st Scott	8
5	Mr.T.H.Tucker	b J.Page	0		
6	Mr.T.Stevenson	b Meddlecot	13	( ) b H.Page	5
7	Mr.W.G.Cookesley	run out	30		
8	Mr.J.Deedes	c H.Page	16	( ) not out	3
9	Mr.C.A.Rocke	c H.Page	11		
10	Mr.C.Oxenden	not out	7	( ) b Scott	17
11	Mr.P.Gurdon	b H.Page	1		
	Extras	b 1	1	b 1	1

Total 132 (3 wickets) 78
1- 2- 3- 4- 5- 6- 7- 8- 9- 10-132   1- 2- 3-

Cambridge University Bowling
                              O   M   R   W   O   M   R   W

Cambridge Town Club Bowling
                              O   M   R   W   O   M   R   W
H.Page   3   1
J.Page   1
Meddlecot   1
Scott   1

Umpires: Toss:

Close of play: 1st day:

The rest of the Town Club team and the details of the Town Club innings are not known.

M.C.C. FIRST NINE CHOSEN v M.C.C. SECOND NINE CHOSEN (Twelve-a-side)

Played at Lord's, June 10, 11, 1822.

M.C.C. First Nine won by 150 runs.

M.C.C. FIRST NINE CHOSEN (with Nicoll, Sparks and Ashby)

1	Mr.J.Brand	b Beauclerk	18	b Beauclerk	10
2	Mr.C.J.Barnett	b Budd	9	st Budd	7
3	J.Sparks	b Budd	26	c Beauclerk	36
4	Mr.J.Barnard	st Budd	8	c Smith	17
5	Mr.T.Nicoll	st Vigne	7	b Budd	10
6	Mr.H.J.Lloyd	b Budd	22	c Budd	0
7	Mr.R.Lane	c Palliser	16	c Nicholas	13
8	Mr.E.Knight	b Beauclerk	3	b Beauclerk	0
9	Mr.T.Vigne	run out	4	b Beauclerk	14
10	Maj.Cowell	c Nicholas	9	not out	1
11	Mr.T.O.Bache	c Budd	23	b Budd	11
12	W.Ashby	not out	0	c Vigne	0
	Extras	b 2	2	b 1	1
	Total		147		120

1- 2- 3- 4- 5- 6- 7- 8- 9- 10- 11-147

1- 2- 3- 4- 5- 6- 7- 8- 9- 10- 11-120

M.C.C. SECOND NINE CHOSEN (with Beauclerk, Budd and Ward)

1	Mr.G.T.Vigne	c Barnett	14	b Ashby	0
2	Mr.W.Pitt	c Lloyd	4	c Lloyd	2
3	Mr.E.H.Budd	b Sparks	2	b Sparks	10
4	Mr.W.Ward	b Sparks	7	b Sparks	7
5	Lord F.Beauclerk	b Sparks	8	c Barnard	27
6	Hon.D.J.W.Kinnaird	c Barnard	5	c Knight	2
7	Capt.G.T.Smith	run out	0	c Barnard	1
8	Mr.J.D.Bligh	b Sparks	2	b Ashby	2
9	Mr.W.C.Dyer	b Sparks	4	c Bache	2
10	Mr.H.Palliser	c Sparks	3	c Sparks	10
11	Lord Strathavon	not out	2	not out	2
12	Mr.F.Nicholas	run out	1	c Nicoll	0
	Total		52		65

1- 2- 3- 4- 5- 6- 7- 8- 9- 10- 11-52

1- 2- 3- 4- 5- 6- 7- 8- 9- 10- 11-65

M.C.C. Second Nine Chosen Bowling

	O	M	R	W	O	M	R	W
Beauclerk				2				3
Budd				3				2

M.C.C. First Nine Chosen Bowling

	O	M	R	W	O	M	R	W
Sparks				5				2
Ashby								2

Umpires:

Toss:

Close of Play: 1st day:

M.C.C. EIGHT v M.C.C. TEN

Played at Lord's, June 24, 1822.

M.C.C. Ten won by one wicket.

M.C.C. EIGHT (with Ashby, Beagley and Powell)

1	Mr.J.E.G.Bayley	b Budd	0	st Vigne		3
2	J.Powell	b Sparks	11	b Sparks		0
3	Mr.J.Brand	c Budd	46	b Sparks		17
4	T.Beagley	b Sparks	26	b Sparks		32
5	Mr.J.Barnard	lbw	3	b Sparks		14
6	Lord F.Beauclerk	b Sparks	16	c Nicoll		6
7	Mr.H.J.Lloyd	b Budd	28	st Vigne		3
8	Mr.J.Borradaile	b Sparks	0	not out		4
9	W.Ashby	b Sparks	18	c Lane		12
10	Mr.H.J.G.Herbert	run out	0	b Sparks		1
11	Mr.J.J.Willan	not out	6	c Barnett		3
	Extras			b 3		3
	Total		154			98

1- 2- 3- 4- 5- 6- 7- 8- 9- 10-154

1- 2- 3- 4- 5- 6- 7- 8- 9- 10-98

M.C.C. TEN (with Sparks)

1	Mr.T.Nicoll	b Ashby	1	c Borradaile		2
2	Mr.W.Pitt	c Borradaile	1	b Ashby		1
3	Mr.E.H.Budd	c Herbert	10	run out		87
4	J.Sparks	b Ashby	17	c Beagley		20
5	Mr.W.Ward	not out	37	c Barnard		2
6	Mr.C.J.Barnett	c Herbert	4	b Powell		11
7	Mr.W.Deedes	st Barnard	1	st Barnard		3
8	Mr.R.Lane	b Beauclerk	1	b Ashby		10
9	Mr.T.Vigne	b Ashby	10	not out		23
10	Mr.G.T.Smith	b Ashby	0	st Barnard		9
11	Mr.B.J.M.Praed	b Ashby	1	not out		1
	Extras			b 1		1
	Total		83	(9 wickets)		170

1- 2- 3- 4- 5- 6- 7- 8- 9- 10-83

1- 2- 3- 4- 5- 6- 7- 8- 9-

M.C.C. Ten Bowling

	O	M	R	W	O	M	R	W
Budd				2				
Sparks				5				5

M.C.C. Eight Bowling

	O	M	R	W	O	M	R	W
Ashby				5				2
Beauclerk				1				
Powell								1

Umpires:

Toss:

The duration of the match is not known.

GODALMING v M.C.C.

Played at Godalming, June 27, 28, 1822.

Godalming won by 295 runs.

GODALMING (with Saunders and Broadbridge)

1	Mr.J.Grinham	b Tanner	5	c Aislabie		11
2	W.Peto	b Ward	6	st Vigne		11
3	W.Searle	c Bache	51	b Ward		8
4	J.Broadbridge	b Ward	9	c Vigne		64
5	T.Flavel	c Vigne	15	not out		34
6	J.Saunders	hit wkt	26	b Barnett		58
7	Mr.W.Keen	b Ward	10	c Barnard		10
8	Honer	c Barnett	27	st Barnard		5
9	H.Holland	b Tanner	5	lbw		8
10	Smith	b Tanner	20	st Barnard		0
11	Mr.J.W.Ladbroke	not out	0	run out		2
	Extras	b 4	4	b 4		4
	Total		178			215

1- 2- 3- 4- 5- 6- 7- 8- 9- 10-178

1- 2- 3- 4- 5- 6- 7- 8- 9- 10-215

M.C.C.

1	Mr.J.Borradaile	b Flavel	16	b Flavel		0
2	Mr.J.Tanner	b Flavel	9	b Flavel		1
3	Mr.J.Brand	st Flavel	1	b Flavel		0
4	Mr.W.Ward	not out	13	c Broadbridge		9
5	Mr.T.Nicoll	st Keen	0	c Saunders		1
6	Mr.J.Barnard	c Keen	0	c Saunders		17
7	Mr.T.O.Bache	c Saunders	0	run out		0
8	Mr.C.J.Barnett	b Broadbridge	2	run out		6
9	Mr.T.Vigne	b Broadbridge	0	c Searle		13
10	Mr.F.C.Ladbroke	c Saunders	2	not out		3
11	Mr.B.Aislabie	b Broadbridge	0	b Ladbroke		0
	Extras	b 1	1	b 4		4
	Total		44			54

1- 2- 3- 4- 5- 6- 7- 8- 9- 10-44

1- 2- 3- 4- 5- 6- 7- 8- 9- 10-54

M.C.C. Bowling

	O	M	R	W	O	M	R	W
Tanner				3				
Ward				3				1
Barnett								1

Godalming Bowling

	O	M	R	W	O	M	R	W
Flavel				2				3
Broadbridge				3				
Ladbroke								1

Umpires:

Toss:

Close of Play: 1st day:

M.C.C. v GODALMING

Played at Lord's, July 1, 2, 1822.

M.C.C. won by an innings and 37 runs.

GODALMING (with Beagley, Saunders and Broadbridge)

1	W.Searle	b Beauclerk	19	not out	34
2	T.Flavel	c Beauclerk	5	c Barnard	0
3	T.Beagley	st Barnard	10	st Barnard	10
4	J.Saunders	b Budd	16	st Barnard	73
5	J.Broadbridge	b Budd	30	c Barnard	6
6	Mr.W.Keen	b Beauclerk	7	st Barnard	8
7	Mr.J.Grinham	st Barnard	1	c Vigne	0
8	Honer	c Vigne	2	st Barnard	15
9	Mr.Holland	not out	6	run out	5
10	Smith	st Barnard	0	b Budd	5
11	Mr.F.C.Ladbroke	b Budd	2	c Beauclerk	9
	Extras	b 1	1		
	Total		99		165

1- 2- 3- 4- 5- 6- 7- 8- 9- 10-99

1- 2- 3- 4- 5- 6- 7- 8- 9- 10-165

M.C.C.

1	Mr.C.J.Barnett	b Broadbridge	0
2	Mr.R.Lane	b Flavel	36
3	Mr.T.O.Bache	st Flavel	29
4	Mr.W.Ward	b Flavel	87
5	Mr.E.H.Budd	b Broadbridge	86
6	Mr.J.Barnard	b Flavel	0
7	Mr.J.J.Willan	b Broadbridge	1
8	Mr.F.Nicholas	b Honer	25
9	Lord F.Beauclerk	b Broadbridge	18
10	Mr.W.Deedes	not out	10
11	Mr.T.Vigne	b Flavel	0
	Extras	b 9	9
	Total		301

1- 2- 3- 4- 5- 6- 7- 8- 9- 10-301

M.C.C. Bowling

	O	M	R	W		O	M	R	W
Beauclerk				2					
Budd				3					1

Godalming Bowling

	O	M	R	W
Broadbridge				4
Flavel				4
Honer				1

Umpires:

Toss:

Close of Play: 1st day:

Barnard caught 2 and stumped 7.

GENTLEMEN v PLAYERS

Played at Lord's, July 8, 9, 10, 1822.

Gentlemen won by six wickets.

PLAYERS

1	W.Searle	c Budd	3	c Vigne		25
2	C.Holloway	b Beauclerk	0	c Beauclerk		2
3	T.Beagley	st Vigne	4	b Beauclerk		1
4	J.Saunders	b Beauclerk	15	c Vigne		10
5	J.Sparks	c Beauclerk	2	st Vigne		9
6	J.Broadbridge	st Vigne	3	st Vigne		22
7	J.Jordan	hit wkt	38	c Barnard		33
8	T.Flavel	hit wkt	3	not out		1
9	H.Bentley	not out	2	run out		5
10	W.Ashby	b Beauclerk	3	b Budd		11
11	Smith	c Barnett	9	b Beauclerk		5
	Extras	b 1	1			
	Total		83			124

1- 2- 3- 4- 5- 6- 7- 8- 9- 10-83

1- 2- 3- 4- 5- 6- 7- 8- 9- 10-124

GENTLEMEN

1	Mr.R.Lane	c Beagley	25	c Beagley		1
2	Mr.T.Nicoll	c Ashby	16	c Broadbridge		0
3	Mr.W.Ward	c Sparks	6	not out		39
4	Mr.E.H.Budd	c Broadbridge	69	c Jordan		3
5	Lord F.Beauclerk	c Holloway	9	not out		27
6	Mr.J.Barnard	b Sparks	3			
7	Mr.W.Deedes	b Ashby	2	( ) b Sparks		0
8	Mr.H.J.Lloyd	b Sparks	1			
9	Mr.C.J.Barnett	not out	0			
10	Mr.T.O.Bache	st Holloway	1			
11	Mr.T.Vigne	b Sparks	0			
	Extras	b 6	6			
	Total		138	(4 wickets)		70

1- 2- 3- 4- 5- 6- 7- 8- 9- 10-138

1- 2- 3- 4-

Gentlemen Bowling

	O	M	R	W		O	M	R	W
Beauclerk				3					2
Budd									1

Players Bowling

	O	M	R	W		O	M	R	W
Sparks				3					1
Ashby				1					

Umpires: Toss:

Close of Play: 1st day: 2nd day:

M.C.C. v KENT

Played at Lord's, July 15, 16, 1822.

Kent won by an innings and 4 runs.

M.C.C.

1	Mr.R.Lane	run out	66	b Sparks		8
2	Mr.F.Nicholas	c Barnard	22	b Sparks		12
3	Mr.W.Ward	b Ashby	38	c Jordan		4
4	Mr.E.H.Budd	not out	40	c Evans		0
5	Mr.C.J.Barnett	c Sparks	4	st Barnard		1
6	Lord F.Beauclerk	c Jordan	7	b Ashby		14
7	Mr.T.Nicoll	st Barnard	4	c Barton		4
8	Mr.H.J.Lloyd	c Knight	7	b Sparks		3
9	Mr.T.O.Bache	c Barnard	1	c Evans		1
10	Mr.T.Vigne	c Barnard	16	c Knight		0
11	Mr.B.Aislabie	run out	0	not out		0
	Extras	b 2	2	b 1		1
	Total		207			48

1- 2- 3- 4- 5- 6- 7- 8- 9- 10-207
1- 2- 3- 4- 5- 6- 7- 8- 9- 10-48

KENT

1	J.Jordan	st Vigne	86
2	J.Evans	st Vigne	8
3	J.Sparks	run out	36
4	G.Hopper	b Budd	15
5	W.Ashby	c Ward	7
6	Mr.J.Barnard	b Budd	28
7	Mr.E.Knight	c Vigne	11
8	Mr.W.Deedes	b Beauclerk	30
9	Mr.W.Barton	run out	21
10	Mr.J.Deedes	c Nicoll	1
11	T.Battersbee (Mr.J.Willes)	not out	13
	Extras	b 3	3
	Total		259

1- 2- 3- 4- 5- 6- 7- 8- 9- 10-259

Kent Bowling

	O	M	R	W	O	M	R	W
Willes				0				
Ashby				1				1
Sparks								3

M.C.C. Bowling

	O	M	R	W
Budd				2
Beauclerk				1

Umpires: N.Mann and H.Bentley   Toss: M.C.C.

Close of Play: 1st day:

Willes commenced bowling for Kent but being no-balled he left the ground 'in high dudgeon' and his place had to be filled up by another man.

KENT v M.C.C.

Played on New Ground, Chislehurst, July 25, 26, 27, 1822.

Kent won by 149 runs.

KENT

1	Walker	b Tanner	6	c Ward	6
2	Hines	b Tanner	6	c Tanner	9
3	J.Jordan	c Aislabie	9	b Ward	56
4	J.Sparks	b Tanner	3	run out	2
5	G.Hopper	b Beauclerk	26	b Beauclerk	6
6	Mr.J.Barnard	run out	28	b Beauclerk	5
7	Mr.W.Deedes	c Cowell	0	b Beauclerk	15
8	J.Evans	b Tanner	7	c Ward	14
9	Mr.J.D.Dyke	b Tanner	0	st Tanner	35
10	Mr.W.Barton	b Ward	4	b Nicholas	17
11	W.Ashby	not out	3	not out	0
	Extras			b 2	2
	Total		92		167

1- 2- 3- 4- 5- 6- 7- 8- 9- 10-92

1- 2- 3- 4- 5- 6- 7- 8- 9- 10-167

M.C.C.

1	Mr J.Brand	st Barnard	0	b Ashby	16
2	Maj.Cowell	b Sparks	4	c Barton	2
3	Mr.T.Nicoll	c Deedes	5	b Ashby	1
4	T.Beagley	c Sparks	8	b Sparks	0
5	Mr.W.Ward	c Hines	34	c Walker	1
6	Lord F.Beuaclerk	b Sparks	4	st Barton	19
7	Mr.F.Nicholas	st Barton	0	c Barton	0
8	Mr.T.Vigne	c Evans	0	absent	0
9	Col.W.H.Sewell	b Ashby	4	c Sparks	0
10	Mr.J.Tanner	st Barnard	3	absent	0
11	Mr.B.Aislabie	not out	0	( ) not out	8
	Extras			b 1	1
	Total		62		48

1- 2- 3- 4- 5- 6- 7- 8- 9- 10-62

1- 2- 3- 4- 5- 6- 7- 8-48

M.C.C. Bowling

	O	M	R	W	O	M	R	W
Tanner				5				
Beauclerk				1				3
Ward				1				1
Nicholas								1

Kent Bowling

	O	M	R	W	O	M	R	W
Sparks				2				1
Ashby				1				2

Umpires: Toss:

Close of play: 1st day: 2nd day:

ENGLAND v THE Bs

Played at Lord's, August 12, 13, 14, 1822.

The Bs won by seven wickets.

ENGLAND

1	Mr.T.Nicoll	run out	22	st Budd		24
2	Mr.R.Lane	c Beauclerk	2	b Bates		0
3	J.Jordan	c Beauclerk	1	c Beauclerk		94
4	Mr.W.Ward	b Bates	4	b Budd		0
5	J.Sparks	c Bowyer	4	c Bates		31
6	J.Saunders	c Bates	14	c Barnett		34
7	Mr.P.H.Dyke	st Barnard	1	run out		20
8	T.Flavel	b Bates	10	not out		4
9	Mr.H.J.Lloyd	lbw	0	lbw		10
10	Mr.T.Vigne	not out	5	b Bayley		0
11	W.Ashby	b Budd	0	c Broadbridge		1
	Extras	b 2	2	b 11		11
	Total		65			229

1- 2- 3- 4- 5- 6- 7- 8- 9- 10-65

1- 2- 3- 4- 5- 6- 7- 8- 9- 10-229

THE Bs

1	J.Bowyer	c Dyke	60	run out		2
2	Mr.J.Brand	c Dyke	33	st Flavel		0
3	Mr.E.H.Budd	b Dyke	43	not out		4
4	T.Beagley	c Lane	5	c Dyke		0
5	Lord F.Beauclerk	c Ward	64			
6	Mr.J.Barnard	c Vigne	11			
7	J.Broadbridge	c Vigne	1			
8	R.Broadbridge	c Dyke	28	( ) not out		26
9	J.Bayley	b Ashby	0			
10	Mr.C.J.Barnett	b Ashby	5			
11	H.Bates	not out	12			
	Extras	b 1	1			
	Total		263	(3 wickets)		32

1- 2- 3- 4- 5- 6- 7- 8- 9- 10-263

1- 2- 3-

The Bs Bowling

	O	M	R	W	O	M	R	W
Bates				2				1
Budd				1				1
Bayley								1

England Bowling

	O	M	R	W	O	M	R	W
Dyke				1				
Ashby				2				

Umpires: Toss:

Close of Play: 1st day: 2nd day:

It is not known which Broadbridge took the catch.

CRICKET MATCHES 1823

M.C.C. v SUSSEX

Played at Lord's, June 9, 1823.

Sussex won by eight wickets.

M.C.C.

1	Mr.T.Nicoll	b Searle	19	st Slater	0
2	Mr.R.Lane	c Baker	20	not out	29
3	Mr.E.H.Budd	b Ashby	35	b J.Broadbridge	10
4	Mr.W.Ward	b J.Broadbridge	23	b J.Broadbridge	38
5	Lord F.Beauclerk	not out	20	b Searle	28
6	Mr.P.H.Dyke	st Slater	0	b Ashby	7
7	Mr.H.J.Lloyd	b J.Broadbridge	0	st Slater	3
8	Mr.W.Deedes	c Ashby	0	c Dale	7
9	Mr.T.Vigne	c Dale	2	c J.Broadbridge	0
10	Mr.C.J.Barnett	b J.Broadbridge	4	lbw	0
11	Mr.B.Aislabie	c Faithful	2	b J.Broadbridge	0
	Extras	b 2	2	b 4	4
	Total		127		126

1- 2- 3- 4- 5- 6- 7- 8- 9- 10-127

1- 2- 3- 4- 5- 6- 7- 8- 9- 10-126

SUSSEX (with Ashby and Saunders)

1	R.Broadbridge	b Beauclerk	0		
2	J.Saunders	lbw	34		
3	W.Hooker	b Vigne	92		
4	F.Mellersh	b Budd	9		
5	W.Slater	c Nicoll	17		
6	J.B.Baker	c Vigne	19	( ) c Barnett	0
7	J.Broadbridge	b Deedes	48		
8	J.Dale	b Budd	5	( ) not out	4
9	R.Searle	not out	19	( ) not out	0
10	Mr.H.Faithful	b Ward	1	( ) c Lloyd	0
11	W.Ashby	b Budd	2		
	Extras	b 4	4		4
	Total		250	(2 wickets)	

1- 2- 3- 4- 5- 6- 7- 8- 9- 10-250

1- 2-

Sussex Bowling

	O	M	R	W		O	M	R	W
Searle				1					1
Ashby				1					1
J.Broadbridge				3					3

M.C.C. Bowling

	O	M	R	W		O	M	R	W
Beauclerk				1					
Vigne				1					
Budd				3					
Deedes				1					
Ward				1					

Umpires: Toss:

The duration of the match is not known.

ENGLAND v THE Bs

Played at Lord's June 16, 1823.

The Bs won by an innings and 14 runs.

ENGLAND

1	J.Sparks	b Bates	9	b Bates		10
2	John Sherman	c Beauclerk	1	run out		3
3	J.Saunders	c Bates	0	b Budd		65
4	Mr.W.Ward	b Budd	18	b Budd		64
5	Mr.R.Lane	st W.Broadbridge	19	b Bates		9
6	Mr.T.Nicoll	c W.Broadbridge	11	c J.Broadbridge		19
7	Mr.P.H.Dyke	b Budd	10	c Bates		0
8	Mr.H.J.Lloyd	not out	16	b Budd		12
9	Mr.W.Deedes	b Budd	8	c Beagley		8
10	Mr.T.Vigne	b Bates	9	run out		5
11	W.Ashby	b Budd	0	not out		4
	Extras	b 2	2	b 4		4
	Total		103			203

1- 2- 3- 4- 5- 6- 7- 8- 9- 10-103

1- 2- 3- 4- 5- 6- 7- 8- 9- 10-203

THE Bs

1	J.Bowyer	c Vigne	0
2	Mr.J.Brand	b Ward	63
3	J.Baker	c Lloyd	0
4	Mr.E.H.Budd	c Ashby	43
5	T.Beagley	b Deedes	61
6	Lord F.Beauclerk	b Ashby	50
7	J.Broadbridge	c Lloyd	35
8	J.Bayley	b Ashby	22
9	Mr.C.J.Barnett	not out	24
10	H.Bates	b Sparks	4
11	W.Broadbridge	b Ashby	12
	Extras	b 6	6
	Total		320

1- 2- 3- 4- 5- 6- 7- 8- 9- 10-320

The Bs Bowling

	O	M	R	W		O	M	R	W
Bates				3					2
Budd				3					3

England Bowling

	O	M	R	W
Ward				1
Deedes				1
Ashby				3
Sparks				1

Umpires: Toss:

The duration of the match is not known.

SUSSEX v M.C.C.

Played on Ireland's Royal New Ground, Brighton, June 23, 1823.

Sussex won by an innings and 45 runs.

M.C.C.

1	Mr.P.H.Dyke	c Ashby	0	not out	17
2	Mr.W.Deedes	st Slater	14	run out	2
3	Mr.E.H.Budd	c Ashby	0	b Searle	28
4	Mr.C.J.Barnett	b Searle	5	st Slater	3
5	Mr.W.Ward	c Ashby	2	c Ashby	4
6	Lord F.Beauclerk	c Bowley	3	run out	12
7	Mr.H.J.Lloyd	b Searle	0	b Broadbridge	3
8	Mr.T.Nicoll	b Searle	12	c Searle	0
9	Mr.J.Tanner	b Searle	0	b Broadbridge	0
10	Mr.T.Vigne	not out	7	b Broadbridge	14
11	Mr.H.Hoare	b Ashby	2	run out	3
	Extras			b 6	6
	Total		45		92

1- 2- 3- 4- 5- 6- 7- 8- 9- 10-45

1- 2- 3- 4- 5- 6- 7- 8- 9- 10-92

SUSSEX (with Ashby and Saunders)

1	H.Morley	c Tanner	14
2	H.Bowley	b Tanner	5
3	W.Hooker	c Tanner	21
4	R.Searle	c Barnett	8
5	J.Saunders	b Deedes	89
6	J.Broadbridge	c Nicoll	2
7	J.B.Baker	c Barnett	0
8	J.Dale	c Tanner	2
9	W.Slater	b Deedes	24
10	Mr.H.Faithful	b Deedes	8
11	W.Ashby	not out	5
	Extras	b 4	4
	Total		182

1- 2- 3- 4- 5- 6- 7- 8- 9- 10-182

Sussex Bowling

	O	M	R	W
Searle			4	1
Ashby			1	
Broadbridge				3

M.C.C. Bowling

	O	M	R	W
Tanner				1
Deedes				3

Umpires: Toss:

The duration of the match is not known.

M.C.C. v KENT

Played at Lord's, July 7, 8, 1823.

M.C.C. won by eight wickets.

KENT

1	W.Ashby	run out	5	c Brand		1
2	H.Bates	st Budd	2	b Budd		5
3	J.Jordan	c Williams	8	c Lloyd		1
4	C.Town	b Nicholas	51	c Nicholas		4
5	Mr.P.H.Dyke	st Budd	6	b Beauclerk		1
6	J.Evans	b Nicholas	13	run out		5
7	Mr.T.Denne	b Beauclerk	1	c Williams		6
8	Mr.W.Deedes	c Ward	4	not out		5
9	T.Duke	b Nicholas	13	b Beauclerk		0
10	Mr.H.T.Lane	not out	0	b Budd		8
11	Mr.B.Aislabie	c Ward	1	b Budd		0
	Extras	b 1	1			
	Total		105			36

1- 2- 3- 4- 5- 6- 7- 8- 9- 10-105

1- 2- 3- 4- 5- 6- 7- 8- 9- 10-36

M.C.C.

1	Col.W.H.Sewell	b Ashby	0			
2	Mr.J.Brand	b Duke	15	run out		6
3	Mr.E.H.Budd	b Ashby	9			
4	Mr.F.Nicholas	b Ashby	0	( ) b Ashby		15
5	Mr.W.Ward	not out	49			
6	Lord F.Beauclerk	b Duke	34			
7	Mr.C.M.Williams	b Duke	0			
8	Mr.H.J.Lloyd	b Ashby	0	( ) not out		8
9	Mr.G.T.Vigne	b Ashby	0	( ) not out		0
10	Hon.Col.H.C.Lowther	b Ashby	4			
11	Mr.T.Vigne	c Bates	1			
	Extras			b 1		1
	Total		112	(2 wickets)		30

1- 2- 3- 4- 5- 6- 7- 8- 9- 10-112

1- 2-

M.C.C. Bowling

	O	M	R	W	O	M	R	W
Nicholas				3				
Beauclerk				1				2
Budd								3

Kent Bowling

	O	M	R	W	O	M	R	W
Ashby				6				1
Duke				3				

Umpires:

Toss:

Close of play: 1st day:

GENTLEMEN v PLAYERS

Played at Lord's, July 21, 22, 23, 1823.

Players won by 345 runs.

PLAYERS

1	J.Sparks	hit wkt	16	st Ward		4
2	J.Bowyer	c Beauclerk	36	run out		9
3	W.Hooker	b Deedes	8	b Ward		50
4	J.Broadbridge	b Beauclerk	16	not out		47
5	T.Beagley	b Deedes	10	b Nicholas		40
6	J.Saunders	run out	5	b Beauclerk		57
7	J.Jordan	b Deedes	0	b Nicholas		12
8	W.Searle	c Ward	43	run out		56
9	G.Brown	c Beauclerk	11	c Budd		4
10	W.Slater	not out	5	b Nicholas		20
11	W.Ashby	c Brand	0	b Budd		3
	Extras	b 3	3	b 5		5
	Total		153			307

1- 2- 3- 4- 5- 6- 7- 8- 9- 10-153

1- 2- 3- 4- 5- 6- 7- 8- 9- 10-307

GENTLEMEN

1	Col.W.H.Sewell	run out	1	absent		0
2	Mr.J.Brand	c Ashby	19	st Slater		0
3	Mr.W.Ward	b Ashby	2	b Ashby		1
4	Mr.E.H.Budd	b Ashby	0	c Broadbridge		9
5	Lord F.Beauclerk	b Brown	5	b Sparks		0
6	Mr.T.Nicoll	b Ashby	0	b Ashby		4
7	Mr.J.Townsend	c Slater	3	st Slater		12
8	Mr.H.J.Lloyd	b Brown	3	absent		0
9	Mr.W.Deedes	b Brown	16	b Ashby		8
10	Mr.C.J.Barnett	b Ashby	3	( ) not out		19
11	Mr.F.Nicholas	not out	1	( ) not out		2
	Extras	b 6	6	b 1		1
	Total		59			56

1- 2- 3- 4- 5- 6- 7- 8- 9- 10-59

1- 2- 3- 4- 5- 6- 7-56

Gentlemen Bowling

	O	M	R	W		O	M	R	W
Deedes				3					
Beauclerk				1					
Ward									1
Nicholas									1
Budd									3
									1

Players Bowling

	O	M	R	W		O	M	R	W
Ashby				4					3
Brown				3					
Sparks									1

Umpires: Toss:

Close of play: 1st day: 2nd day:

Scores and Biographies gives Barnett and Nicholas as 'not out' in the second innings as above, it has Nicholas as absent (possibly not out overnight and unable to return).

KENT v M.C.C.

Played at Chislehurst, July 28, 29, 1823.

Match drawn.

KENT

1	J.Evans	b Budd	28	not out	90
2	T.Nordish	c Nicholas	6	b Budd	0
3	C.Town	c Lloyd	45	run out	47
4	J.Jordan	c Budd	10	c Vigne	109
5	J.B.Baker	b Beauclerk	9	not out	37
6	Mr.P.H.Dyke	c Townsend	23	c Lloyd	2
7	Mr.H.Barnard	c Budd	5	lbw	4
8	Mr.H.T.Lane	c Lowther	1	run out	15
9	Mr.W.Deedes	b Beauclerk	14	c Budd	32
10	Mr.T.Denne	not out	3	( ) b Beauclerk	0
11	W.Ashby	b Beauclerk	5		
	Extras			b 5	5
	Total		149	(8 wickets)	341

1- 2- 3- 4- 5- 6- 7- 8- 9- 10-149
1- 2- 3- 4- 5- 6- 7- 8-

M.C.C.

1	J.Townsend	c Ashby	15
2	Mr.J.Brand	c Jordan	34
3	Mr.W.Ward	c Barnard	0
4	Mr.E.H.Budd	c Nordish	5
5	Lord F.Beauclerk	c Jordan	25
6	Mr.A.F.Greville	c Baker	39
7	Mr.H.J.Lloyd	st Nordish	7
8	Hon.Col.H.C.Lowther	c Evans	8
9	Mr.F.Nicholas	b Deedes	4
10	Mr.T.Vigne	not out	5
11	Mr.G.T.Smith	b Deedes	9
	Extras	b 3	3
	Total		154

1- 2- 3- 4- 5- 6- 7- 8- 9- 10-154

M.C.C. Bowling

	O	M	R	W	O	M	R	W
Budd				1				1
Beauclerk				3				1

Kent Bowling

	O	M	R	W
Deedes				2

Umpires: Toss:

Close of play: 1st day:

HAMPSHIRE v ENGLAND

Played at Bramshill Park, August 14, 15, 16, 18, 1823.

Hampshire won by five wickets.

ENGLAND

1	J.Sparks	c Beagley	3	c Crimble	13
2	J.Bowyer	hit wkt	5	c Crimble	42
3	J.Broadbridge	st Howard	0	c Crimble	40
4	J.Saunders	st Howard	23	b Budd	52
5	W.Searle	b Budd	1	b Howard	25
6	Lord F.Beauclerk	b Howard	70	absent	0
7	Mr.W.Keen	c Willan	0	c Budd	3
8	Mr.J.Grinham	b Budd	5	b Budd	10
9	T.Flavel	not out	29	b Howard	21
10	W.Ashby	b Brown	2	not out	3
11	Mr.J.W.Ladbroke	c Beagley	2	( ) b Howard	0
	Extras	b 4	4	b 4	4
	Total		144		213

1- 2- 3- 4- 5- 6- 7- 8- 9- 10-144

1- 2- 3- 4- 5- 6- 7- 8- 9-213

HAMPSHIRE (with Budd and Willan)

1	T.Crimble	b Flavel	52	st Flavel	1
2	T.C.Howard	b Ashby	10	not out	13
3	T.Beagley	st Flavel	18	c Grinham	1
4	Mr.E.H.Budd	c Keen	67		
5	Mr.W.Ward	c Flavel	120	not out	7
6	Mr.T.Price	b Sparks	17		
7	J.Beagley	run out	5	( ) st Flavel	4
8	G.Brown	b Ashby	0	( ) b Ashby	2
9	Mr.J.J.Willan	c Saunders	6		
10	H.Holland	c Ashby	11	( ) run out	10
11	S.Maynard	not out	7		
	Extras	b 6	6	b 1	1
	Total		319	(5 wickets)	39

1- 2- 3- 4- 5- 6- 7- 8- 9- 10-319

1- 2- 3- 4- 5-

Hampshire Bowling

	O	M	R	W		O	M	R	W
Budd				2					2
Howard				1					3
Brown				1					

England Bowling

	O	M	R	W		O	M	R	W
Flavel				1					
Ashby				2					1
Sparks				1					

Umpires: Toss:

Close of Play: 1st day: 2nd day: 3rd day:

It is not known which Beagley held the catches.

CRICKET MATCHES 1824

M.C.C. v GODALMING

Played at Lord's, July 5, 6, 1824.

Match drawn.

GODALMING

1	W.Mathews	b Budd	1			
2	T.Flavel	b Budd	9			
3	H.Jupp	c Budd	2			
4	J.Saunders	c Budd	92			
5	Mr.J.Grinham	b Ward	0			
6	Oliver	b Budd	1			
7	B.Caesar	c Budd	9	( ) b Budd	3
8	Mr.W.Keen	run out	18	( ) not out	16
9	W.Peto	b Budd	18	( ) not out	5
10	Jones	b Budd	0			
11	Mr.J.W.Ladbroke	not out	2			
	Total		152	(1 wicket)	24

1- 2- 3- 4- 5- 6- 7- 8- 9- 10-152   1-

M.C.C.

1	Hon.Col.H.C.Lowther	b Mathews	9
2	Mr.T.Vigne	c Saunders	1
3	Mr.W.Ward	b Flavel	14
4	Mr.R.Lane	b Flavel	3
5	Mr.E.H.Budd	b Mathews	15
6	Capt.C.C.F.Greville	c Mathews	0
7	Mr.P.H.Dyke	st Flavel	1
8	Mr.F.Nicholas	st Flavel	11
9	Mr.H.J.Lloyd	b Flavel	5
10	Mr.H.Hoare	not out	5
11	Mr.T.H.Dyke	run out	0
	Total		64

1- 2- 3- 4- 5- 6- 7- 8- 9- 10-64

M.C.C. Bowling

	O	M	R	W		O	M	R	W
Budd				5					1
Ward				1					

Godalming Bowling

	O	M	R	W
Mathews				2
Flavel				3

Umpires: Toss:

Close of play: 1st day:

Unfinished owing to the weather.

GODALMING v M.C.C.

Played at Godalming, July 20, 21, 1824.

Godalming won by 39 runs.

GODALMING (with Broadbridge)

1	T.Flavel	b Budd	17	b Nicholas	14
2	W.Peto	b Budd	0	b Budd	15
3	J.Saunders	c Budd	39	st Ward	0
4	J.Broadbridge	b Budd	3	c Budd	9
5	W.Searle	c Budd	9	c Caldecourt	56
6	Mr.J.Grinham	c Tanner	3	st Ward	1
7	Mr.W.Keen	c Flavel	5	b Budd	0
8	B.Caesar	c Dyke	1	c Sewell	19
9	Oliver	c Caldecourt	1	not out	4
10	W.Mathews	c Tanner	3	c Sewell	4
11	Mr.J.W.Ladbroke	not out	12	c Dyer	0
	Extras			b 1	1
	Total		93		123

1- 2- 3- 4- 5- 6- 7- 8- 9- 10-93

1- 2- 3- 4- 5- 6- 7- 8- 9- 10-123

M.C.C.

1	Mr.T.Nicoll	b Flavel	21	c Keen	1
2	Mr.F.Nicholas	b Mathews	0	c Flavel	5
3	W.H.Caldecourt	b Flavel	12	b Broadbridge	21
4	Mr.E.H.Budd	c Caesar	5	c Flavel	15
5	Mr.W.Ward	b Flavel	5	c Flavel	56
6	Col.W.H.Sewell	c Saunders	7	b Mathews	7
7	Mr.A.W.Schabner	run out	0	c Grinham	0
8	Mr.P.H.Dyke	not out	7	b Mathews	1
9	Mr.H.Hoare	c Grinham	1	run out	3
10	Mr.W.C.Dyer	b Flavel	0	not out	0
11	Mr.J.Tanner	c Mathews	5	b Mathews	4
	Extras			b 1	1
	Total		63		114

1- 2- 3- 4- 5- 6- 7- 8- 9- 10-63

1- 2- 3- 4- 5- 6- 7- 8- 9- 10-114

M.C.C. Bowling

	O	M	R	W		O	M	R	W
Budd				3					2
Nicholas									1

Godalming Bowling

	O	M	R	W		O	M	R	W
Flavel				4					
Mathews				1					3
Broadbridge									1

Umpires: Toss:

Close of play: 1st day:

ENGLAND v THE Bs

Played at Lord's, July 26, 1824.

The Bs won by 183 runs.

THE Bs

1	Mr.J.Brand	st Saunnders	41	run out	3
2	J.Bowyer	c Mathews	6	b Deedes	14
3	T.Beagley	b Caldecourt	80	c Searle	24
4	Mr.E.H.Budd	c Saunders	6	c Ashby	51
5	Lord F.Beauclerk	b Deedes	99	absent not out	30
6	W.Broadbridge	c Deedes	0	b Mathews	0
7	J.Broadbridge	st Saunders	9	not out	15
8	G.Brown	b Ashby	11	hit wkt	15
9	Mr.C.J.Barnett	b Ashby	0	run out	0
10	H.Bates	not out	22	b Deedes	4
11	Mr.J.Barnard	c Ward	3	absent	0
	Extras	b 5	5	b 4	4
	Total		282		160

1- 2- 3- 4- 5- 6- 7- 8- 9- 10-282

1- 2- 3- 4- 5- 6- 7- 8-160

ENGLAND

1	W.Ashby	b Brown	14	not out	13
2	J.Jordan	run out	10	b Brown	0
3	J.Saunders	st W.Broadbridge	7	c Bowyer	43
4	Mr.W.Ward	b Brown	2	b Brown	32
5	W.Searle	b Budd	21	b Budd	7
6	W.H.Caldecourt	b Brown	10	b Bates	31
7	W.Mathews	b Budd	4	b Budd	9
8	Mr.T.Nicoll	not out	8	st W.Broadbridge	16
9	Mr.H.J.Lloyd	b Brown	4	lbw	5
10	Mr.W.Deedes	b Brown	0	b Brown	11
11	Mr.F.Nicholas	c Bowyer	1	b Bates	0
	Extras	b 4	4	b 6	6
	Total		85		173

1- 2- 3- 4- 5- 6- 7- 8- 9- 10-85

1- 2- 3- 4- 5- 6- 7- 8- 9- 10-173

England Bowling

	O	M	R	W		O	M	R	W
Caldecourt				1					
Deedes				1					2
Ashby				2					
Mathews									1

The Bs Bowling

	O	M	R	W		O	M	R	W
Brown				5					3
Budd				2					2
Bates									2

Umpires:

Toss:

The duration of the match is not known.

FOURTEEN GENTLEMEN v PLAYERS

Played at Lord's, August 2, 3, 4, 1824.

Players won by 103 runs.

PLAYERS

1	G.Brown	st Keen	7	c Beauclerk		42
2	T.Beagley	c Nicholas	10	c Barnett		37
3	J.Jordan	c Otway	1	c Barnett		3
4	J.Saunders	c Budd	0	b Nicholas		26
5	J.Bowyer	c Ward	3	b Roberts		24
6	W.Hooker	b Nicholas	12	b Budd		12
7	W.Searle	c Barnett	24	b Beauclerk		30
8	J.Broadbridge	c Budd	26	b Beauclerk		45
9	W.Slater	c Keen	4	b Beauclerk		7
10	W.Mathews	not out	0	b Nicholas		0
11	W.Ashby	run out	10	not out		5
	Extras			b 3		3
	Total		97			234

1- 2- 3- 4- 5- 6- 7- 8- 9- 10-97

1- 2- 3- 4- 5- 6- 7- 8- 9- 10-234

FOURTEEN GENTLEMEN

1	Mr.W.Keen	b Ashby	1	b Mathews		9
2	Mr.J.Brand	b Ashby	0	b Broadbridge		11
3	Mr.W.Ward	b Ashby	0	c Mathews		20
4	Mr.E.H.Budd	b Mathews	42	absent		0
5	Col.W.H.Sewell	b Ashby	1	c Brown		0
6	Lord F.Beauclerk	c Saunders	14	b Ashby		21
7	Mr.W.E.Otway	st Slater	0	c Brown		3
8	Mr.T.Nicoll	st Slater	1	run out		0
9	Mr.F.Nicholas	c Broadbridge	13	b Broadbridge		51
10	Mr.J.Grinham	st Slater	3	st Slater		0
11	Mr.C.J.Barnett	st Slater	0	c Broadbridge		4
12	Mr.Roberts	not out	4	st Slater		14
13	Mr.J.M.Otway	b Ashby	4	not out		2
14	Mr.H.J.Lloyd	b Ashby	8	( ) b Ashby		3
	Extras	b 1	1			
	Total		92			138

1- 2- 3- 4- 5- 6- 7- 8- 9- 10- 11- 12- 13-92

1- 2- 3- 4- 5- 6- 7- 8- 9- 10- 11- 12-138

Fourteen Gentlemen Bowling

	O	M	R	W	O	M	R	W
Nicholas				1				2
Roberts								1
Budd								1
Beauclerk								3

Players Bowling

	O	M	R	W	O	M	R	W
Ashby				6				2
Mathews				1				1
Broadbridge								2

Umpires: Toss:

Close of play: 1st day: 2nd day:

It is not known which Otway took the catch.

SUSSEX v GODALMING

Played at Petworth Park, August 6, 1824.

Match drawn.

GODALMING

1	Mr.J.W.Ladbroke	b Bowley	1		
2	T.Flavel	b R.Broadbridge	5		
3	Mr.W.Ward	not out	90	c Slater	9
4	J.Saunders	b J.Broadbridge	20	b Mellersh	8
5	W.Searle	b Bowley	9	not out	4
6	Mr.W.Keen	b Mellersh	25	not out	8
7	Mr.J.Grinham	c J.Broadbridge	0	( ) b J.Broadbridge	5
8	Mr.Roberts	b Mellersh	0	( ) b Mellersh	5
9	B.Caesar	lbw	5		
10	W.Peto	b J.Broadbridge	2		
11	W.Mathews	c Andrew	0		
	Extras	b 7	7		
	Total		164	(4 wickets)	39

1- 2- 3- 4- 5- 6- 7- 8- 9- 10-164   1- 2- 3- 4-

SUSSEX

1	Mr.C.Warren	b Flavel	1
2	W.Slater	lbw	5
3	W.Hooker	c Keen	7
4	F.Mellersh	b Flavel	8
5	J.Broadbridge	c Peto	28
6	R.Broadbridge	lbw	0
7	C.Duff	b Flavel	4
8	C.Andrew	run out	9
9	W.Broadbridge	b Mathews	0
10	H.Bowley	not out	0
11	M.Upton	st Flavel	0
	Extras	b 2	2
	Total		64

1- 2- 3- 4- 5- 6- 7- 8- 9- 10-64

Sussex Bowling

	O	M	R	W		O	M	R	W
Bowley				2					
R.Broadbridge				1					
J.Broadbridge				2					1
Mellersh				2					2

Godalming Bowling

	O	M	R	W
Flavel				3
Mathews				1

Umpires: Toss:

The duration of the match is not known.

GODALMING v SUSSEX

Played at Godalming, August 13, 1824.

Godalming won by 28 runs.

GODALMING

1	Mr.J.Grinham	b J.Broadbridge	7	b J.Broadbridge	8
2	B.Caesar	b J.Broadbridge	9	c Duff	7
3	Mr.W.Ward	b J.Broadbridge	3	c Bowley	2
4	J.Saunders	c R.Broadbridge	26	st Slater	6
5	Mr.W.Keen	c W.Broadbridge	11	c J.Broadbridge	22
6	T.Flavel	st Slater	3	c Hooker	10
7	W.Searle	b J.Broadbridge	6	b J.Broadbridge	12
8	Mr.Roberts	b Bowley	0	b J.Broadbridge	1
9	W.Peto	not out	5	b J.Broadbridge	12
10	W.Mathews	b Bowley	0	b J.Broadbridge	20
11	Mr.J.W.Ladbroke	c Hooker	2	not out	0
	Extras	b 6	6	b 6	6
	Total		78		106

1- 2- 3- 4- 5- 6- 7- 8- 9- 10-78

1- 2- 3- 4- 5- 6- 7- 8- 9- 10-106

SUSSEX

1	W.Slater	b Mathews	16	b Flavel	0
2	R.Broadbridge	b Flavel	1	b Flavel	0
3	F.Mellersh	b Mathews	7	lbw	10
4	W.Hooker	b Flavel	12	st Flavel	20
5	J.Broadbridge	lbw	14	b Flavel	19
6	C.Duff	b Flavel	5	b Flavel	5
7	Wilkinson	c Grinham	6	not out	0
8	C.Andrew	c Flavel	0	b Flavel	3
9	W.Broadbridge	c Caesar	11	c Ward	0
10	H.Bowley	not out	8	b Flavel	7
11	Mr.C.Warren	b Flavel	0	b Flavel	8
	Extras	b 4	4		
	Total		84		72

1- 2- 3- 4- 5- 6- 7- 8- 9- 10-84

1- 2- 3- 4- 5- 6- 7- 8- 9- 10-72

Sussex Bowling

	O	M	R	W	O	M	R	W
J.Broadbridge				4				5
Bowley				2				

Godalming Bowling

	O	M	R	W	O	M	R	W
Mathews				2				
Flavel				4				7

Umpires:

Toss:

The duration of the match is not known.

CRICKET MATCHES 1825

CAMBRIDGE UNIVERSITY v CAMBRIDGE TOWN CLUB

Played on Parker's Piece, Cambridge, May 23, 1825.

Cambridge University won by 109 runs.

CAMBRIDGE UNIVERSITY

1	Mr.Smith	b Swan	27	c Durnford		11
2	Mr.C.Chapman	b Swan	4	b Swann		3
3	Mr.W.Hopkins	c Boning	1	c Boning		14
4	Mr.P.Smith	b Boning	0	st Davis		0
5	Mr.J.Dolphin	b Boning	20	c Swan		1
6	Mr.G.Barnard	c Page	3	c M.Page		3
7	Mr.E.Romilly	c Swan	40	not out		10
8	Mr.W.Gurdon	b Boning	13	b Boning		15
9	Mr.H.Jenner	c Davis	8	b Boning		12
10	Mr.W.G.Cookesley	not out	0	b Boning		4
11	Mr.D.Onslow	b H.Page	0	b Swan		26
	Extras	b 10	10	b 6		6
	Total		126			105

1- 2- 3- 4- 5- 6- 7- 8- 9- 10-126

1- 2- 3- 4- 5- 6- 7- 8- 9- 10-105

CAMBRIDGE TOWN CLUB

1	J.Davis	b Jenner	0	b Jenner		0
2	J.Swan	b Jenner	2	c Dolphin		16
3	W.Martin	b Jenner	0	b Smith		18
4	J.Boning	b Jenner	3	st Jenner		7
5	T.Stearn	st Jenner	10	b Smith		0
6	J.Durnford	c Romilly	1	not out		5
7	H.Page	st Jenner	8	c Barnard		7
8	T.Johnson	b Jenner	5	b Smith		0
9	M.Page	not out	20	b Smith		10
10	J.Burbage	st Jenner	2	b Smith		1
11	S.Bullock	c Smith	3	b Smith		0
	Extras	b 3	3	b 1		1
	Total		57			65

1- 2- 3- 4- 5- 6- 7- 8- 9- 10-57

1- 2- 3- 4- 5- 6- 7- 8- 9- 10-65

Cambridge Town Club Bowling

	O	M	R	W	O	M	R	W
Swan				2				2
Boning				3				3
H.Page				1				

Cambridge University Bowling

	O	M	R	W	O	M	R	W
Jenner				5				1
Smith								6

Umpires: Toss:

The duration of the match is not known. It is not known which Smith bowled or took the catch or which Page caught Barnard in the first innings.

SUSSEX v KENT

Played on Ireland's Ground, Brighton. June 13, 14, 1825.

Sussex won by 243 runs.

SUSSEX

1	G.Brown	b Duke	70	b Duke		7
2	J.Slater	c E.G.Wenman	5	b Unstead		0
3	W.Broadbridge	b Duke	29	b Duke		13
4	J.Dale	run out	12	not out		1
5	J.Broadbridge	b Unstead	22	b Duke		5
6	F.W.Lillywhite	b Lefeaver	41	c Thwaites		1
7	W.Slater	b Unstead	4	b Unstead		2
8	C.Lanaway	b Unstead	0	st Southon		0
9	C.J.Pierpoint	not out	85	b Duke		5
10	G.Meads	b Duke	4	c Mills		0
11	H.Morley	run out	8	c Baker		8
	Extras	b 4	4			
	Total		284			42

1- 2- 3- 4- 5- 6- 7- 8- 9- 10-284
1- 2- 3- 4- 5- 6- 7- 8- 9- 10-42

KENT (with Thwaites and Baker)

1	E.Thwaites	c W.Slater	7	b Brown		18
2	W.Leaney	b J.Broadbridge	1	not out		0
3	J.G.Wenman	b J.Broadbridge	0	b Brown		0
4	R.Mills	b J.Broadbridge	0	b J.Broadbridge		0
5	E.G.Wenman	b Lillywhite	1	b J.Broadbridge		6
6	J.B.Baker	b J.Broadbridge	22	b Brown		0
7	S.Lefeaver	b J.Broadbridge	0	b Brown		0
8	J.Unstead	b J.Broadbridge	1	b Brown		0
9	T.Duke	c Brown	0	b Lillywhite		1
10	S.Southon	b Lillywhite	3	c Slater		2
11	G.Mills	not out	0	b Brown		9
	Extras	b 5	5	b 7		7
	Total		40			43

1- 2- 3- 4- 5- 6- 7- 8- 9- 10-40
1- 2- 3- 4- 5- 6- 7- 8- 9- 10-43

Kent Bowling

	O	M	R	W	O	M	R	W
Duke				3				4
Unstead				3				2
Lefeaver				1				

Sussex Bowling

	O	M	R	W	O	M	R	W
J.Broadbridge				6				2
Lillywhite				2				1
Brown								6

Umpires: Toss:

Close of Play: 1st day:

It is not known which Mills or Slater took the catches.

M.C.C. v GODALMING

Played at Lord's, June 16, 17, 18, 1825.

M.C.C. won by 86 runs.

M.C.C.

1	Mr.H.T.Lane	c Pontifex	0	b Mathews	22
2	Mr.J.Brand	not out	80	run out	4
3	Mr.W.Ward	c Searle	17	st Flavel	53
4	Mr.G.T.Knight	b Flavel	5	st Flavel	27
5	Lord F.Beauclerk	b Broadbridge	14	b Mathews	56
6	Capt.C.C.F.Greville	b Mathews	1	b Broadbridge	17
7	Mr.H.R.Kingscote	run out	8	c Flavel	0
8	Mr.W.Deedes	b Broadbridge	2	b Broadbridge	10
9	Mr.J.J.Willan	b Mathews	2	c Broadbridge	0
10	Mr.R.Cheslyn	b Flavel	12	not out	16
11	Mr.J.Barnard	b Mathews	1	b Flavel	21
	Extras	b 4	4	b 14	14
	Total		146		240

1- 2- 3- 4- 5- 6- 7- 8- 9- 10-146

1- 2- 3- 4- 5- 6- 7- 8- 9- 10-240

GODALMING (with Broadbridge)

1	T.Flavel	c Deedes	64	st Knight	12
2	Mr.W.Keen	b Willan	5	b Deedes	0
3	W.Searle	b Deedes	26	c Deedes	3
4	J.Saunders	b Deedes	11	not out	48
5	J.Broadbridge	not out	34	b Deedes	4
6	Mr.J.Pontifex	st Knight	4	c Cheslyn	0
7	B.Caesar	lbw	5	run out	26
8	Mr.F.C.Ladbroke	c Deedes	5	c Willan	5
9	W.Mathews	b Beauclerk	2	st Knight	12
10	Mr.T.Price	st Knight	3	b Deedes	0
11	Mr.Courtnay	b Beauclerk	0	c Kingscote	14
	Extras	b 4	4	b 14	14
	Total		163		138

1- 2- 3- 4- 5- 6- 7- 8- 9- 10-163

1- 2- 3- 4- 5- 6- 7- 8- 9- 10-138

Godalming Bowling

	O	M	R	W		O	M	R	W
Flavel				2					1
Broadbridge				2					2
Mathews				3					2

M.C.C. Bowling

	O	M	R	W		O	M	R	W
Willan				1					
Deedes				2					3
Beauclerk				2					

Umpires: Toss:

Close of play: 1st day: 2nd day:

Brand carried his bat through the first innings.

GODALMING v M.C.C.

Played at Godalming, June 23, 24, 1825.

Godalming won by an innings and 139 runs.

M.C.C.

1	Mr.J.Brand	b Mathews	5	st Flavel		0
2	Mr.F.Nicholas	c Broadbridge	6	run out		16
3	Lord F.Beauclerk	c Caesar	3	b Flavel		13
4	Mr.W.Ward	c Keen	14	st Flavel		8
5	Mr.G.T.Knight	st Flavel	7	c Saunders		11
6	Mr.J.J.Willan	b Mathews	5	c Flavel		1
7	Mr.H.R.Kingscote	b Mathews	9	st Flavel		0
8	Mr.W.Deedes	c Grinham	5	run out		19
9	Mr.E.Knight	not out	6	b Flavel		14
10	Mr.H.T.Lane	b Broadbridge	0	st Flavel		2
11	Mr.J.Tanner	c Mathews	10	not out		2
	Extras	b 2	2	b 8		8
	Total		72			94

1- 2- 3- 4- 5- 6- 7- 8- 9- 10-72
1- 2- 3- 4- 5- 6- 7- 8- 9- 10-94

GODALMING (with Broadbridge)

1	B.Caesar	b Beauclerk	0
2	W.Peto	b Beauclerk	4
3	T.Flavel	b Beauclerk	2
4	J.Broadbridge	b Willan	135
5	J.Saunders	b Deedes	30
6	Mr.W.Keen	st Ward	96
7	Mr.J.Grinham	b Ward	16
8	Mr.Oliver	b Ward	2
9	W.Mathews	b Beauclerk	4
10	Parsons	b Ward	7
11	Mr.F.C.Ladbroke	not out	1
	Extras	b 8	8
	Total		305

1- 2- 3- 4- 5- 6- 7- 8- 9- 10-305

Godalming Bowling

	O	M	R	W	O	M	R	W
Mathews				3				
Broadbridge				1				
Flavel								2

M.C.C. Bowling

	O	M	R	W
Beauclerk				4
Willan				1
Deedes				1
Ward				3

Umpires: Toss:

Close of play: 1st day:

HAMPSHIRE v GODALMING

Played at Bramshill Park, June 27, 1825.

Match drawn.

GODALMING

1	W.Peto	b Maynard	12
2	S.Bridger	c Lillywhite	0
3	J.Saunders	b Howard	54
4	T.Flavel	c Maynard	5
5	Mr.W.Keen	c Lillywhite	9
6	Mr.J.Grinham	b Howard	32
7	Mr.F.Nicholas	b Howard	29
8	Berry	b Howard	9
9	St.John	c Ward	7
10	Mr.J.W.Ladbroke	c Thumwood	4
11	W.Mathews	not out	2
	Extras	b 2	2
	Total		165

1- 2- 3- 4- 5- 6- 7- 8- 9- 10-165

HAMPSHIRE

1	H.Lillywhite	b Mathews	10
2	H.Holland	st Flavel	11
3	T.Beagley	b Flavel	23
4	T.C.Howard	b Mathews	1
5	Mr.W.Ward	c Berry	1
6	Mr.J.J.Willan	c Flavel	5
7	Mr.T.Price	not out	5
8	Mr.E.Knight	not out	0
9	S.Maynard		
10	James Thumwood		
11	Mr.W.Deedes		
	Total	(6 wickets)	51

1- 2- 3- 4- 5- 6-

Hampshire Bowling

	O	M	R	W
Maynard				1
Howard				4

Godalming Bowling

	O	M	R	W
Mathews				2
Flavel				1

Umpires: Toss:

The duration of the match is not known. The Hampshire innings adds up 5 runs over.

KENT v SUSSEX

Played on Hawkhurst Moor, June 27, 28, 1825.

Kent won by 16 runs.

KENT (with Baker and Thwaites)

1	E.Thwaites	b Lillywhite		27	b Brown	16
2	G.Wenman	b Brown		0	st W.Slater	2
3	J.G.Wenman	b J.Broadbridge		4	b Brown	0
4	R.Mills	b Brown		21	c Brown	0
5	E.G.Wenman	b Brown		8	c Dale	1
6	J.B.Baker	st W.Slater		0	b Brown	13
7	S.Lefeaver	b Lillywhite		8	b Lilllywhite	1
8	W.Ashby	not out		0	b Brown	0
9	H.Bates	b Lillywhite		3	not out	3
10	S.Southon	b Lillywhite		1	st W.Slater	0
11	G.Mills	hit wkt		2	c Dale	9
	Extras	b 5		5	b 6	6
	Total			79		51

1- 2- 3- 4- 5- 6- 7- 8- 9- 10-79   1- 2- 3- 4- 5- 6- 7- 8- 9- 10-51

SUSSEX

1	G.Brown	st Southon		11	c Ashby	3
2	W.Slater	b Ashby		24	c Bates	3
3	W.Broadbridge	run out		10	c Wenman	0
4	F.W.Lillywhite	c Ashby		0	c Ashby	0
5	J.Broadbridge	c G.Wenman		6	c Thwaites	0
6	J.Slater	not out		18	c Bates	12
7	C.Lanaway	c Bates		2	run out	2
8	H.Morley	b Ashby		5	st Southon	6
9	J.Dale	c R.Mills		2	c Lefeaver	3
10	G.Meads	st E.G.Wenman		2	lbw	0
11	C.Roots	b Ashby		0	not out	2
	Extras	b 2		2	b 1	1
	Total			82		32

1- 2- 3- 4- 5- 6- 7- 8- 9- 10-82   1- 2- 3- 4- 5- 6- 7- 8- 9- 10-32

Sussex Bowling

	O	M	R	W		O	M	R	W
Lillywhite				4					1
Brown				3					4
J.Broadbridge				1					

Kent Bowling

	O	M	R	W		O	M	R	W
Ashby				3					

Umpires: Toss:

Close of Play: 1st day:

It is not known which Wenman took the catch in the second innings.

47

SIXTEEN GENTLEMEN v PLAYERS

Played at Lord's, July 4, 5, 6, 7, 1825.

Sixteen Gentlemen won by 72 runs.

SIXTEEN GENTLEMEN (with Mathews)

1	Mr.W.Keen	c Howard	22	b Ashby		45
2	W.Mathews	c Slater	3	b Howard		24
3	Mr.J.Barnard	c Bowyer	2	run out		1
4	Mr.E.Knight	b Ashby	2	b Ashby		5
5	Mr.H.R.Kingscote	b Ashby	22	b Brown		38
6	Mr.J.Brand	b Ashby	0	c Slater		3
7	Mr.W.Ward	c Howard	8	retired hurt		102
8	Mr.F.Nicholas	b Howard	13	b Ashby		13
9	Mr.W.E.Otway	hit wkt	1	b Ashby		0
10	Mr.W.Deedes	b Howard	3	b Howard		0
11	Mr.H.J.Lloyd	b Howard	37	b Broadbridge		10
12	Mr.C.J.Barnett	b Howard	3	c Broadbridge		1
13	Mr.W.C.Dyer	run out	8	run out		7
14	Mr.J.J.Willan	b Broadbridge	0	not out		4
15	Mr.J.M.Otway	not out	13	c Brown		6
16	Mr.J.E.De Visme	b Ashby	1	c Broadbridge		1
	Extras	b 6	6	b 18		18
	Total		144			278

1- 2- 3- 4- 5- 6- 7- 8- 9- 10- 11- 12- 13- 14- 15-144

1- 2- 3- 4- 5- 6- 7- 8- 9- 10- 11- 12- 13- 14-278

PLAYERS

1	G.Brown	b Deedes	12	b Mathews		10
2	W.Searle	run out	12	run out		10
3	J.Bowyer	b Nicholas	3	c W.E.Otway		11
4	J.Saunders	run out	99	c and b Mathews		0
5	W.Hooker	st Keen	15	b Mathews		1
6	J.Broadbridge	b Ward	11	not out		30
7	T.Beagley	not out	54	b Nicholas		37
8	W.Slater	b Mathews	8	b Mathews		4
9	T.C.Howard	c Deedes	7	b Mathews		0
10	T.Flavel	c Deedes	0	b Mathews		1
11	W.Ashby	c Nicholas	3	b Mathews		0
	Extras	b 19	19	b 3		3
	Total		243			107

1- 2- 3- 4- 5- 6- 7- 8- 9- 10-243

1- 2- 3- 4- 5- 6- 7- 8- 9- 10-107

Players Bowling

	O	M	R	W	O	M	R	W
Ashby				4				4
Howard				4				2
Broadbridge				1				1
Brown								1

Sixteen Gentlemen Bowling

	O	M	R	W	O	M	R	W
Deedes				1				
Nicholas				1				1
Ward				1				
Mathews				1				7

Umpires: Toss:

Close of play scores: 1st day: 2nd day: 3rd day:

Ward retired hurt having been hit on the finger by Brown.

ENGLAND v THE Bs

Played at Lord's, July 11, 12, 1825.

England won by 134 runs.

ENGLAND

1	W.Ashby	b Broadbridge	17	b Budd		0
2	T.C.Howard	b Bates	8	b Brown		0
3	W.Searle	run out	24	c Brown		33
4	J.Saunders	b Budd	16	not out		49
5	W.Hooker	c Bowyer	5	b Budd		4
6	E.Thwaites	b Budd	14	c Boywer		4
7	Mr.W.Deedes	b Bates	14	b Budd		8
8	W.H.Caldecourt	st H.Beagley	14	st H.Beagley		33
9	W.Mathews	b Bates	0	b Bates		20
10	T.Flavel	b Bates	5	st H.Beagley		2
11	Mr.J.J.Willan	not out	1	c Brown		9
	Extras	b 8	8	b 4		4
	Total		126			166

1- 2- 3- 4- 5- 6- 7- 8- 9- 10-126   1- 2- 3- 4- 5- 6- 7- 8- 9- 10-166

THE Bs

1	Mr.J.Brand	b Ashby	10	c Howard		0
2	J.Bowyer	c Flavel	0	run out		11
3	J.Broadbridge	not out	47	c Howard		21
4	Mr.E.H.Budd	c Ashby	8	b Ashby		0
5	T.Beagley	b Mathews	0	c Hooker		11
6	Lord F.Beauclerk	b Ashby	5	c Howard		0
7	J.B.Baker	c Flavel	22	b Ashby		3
8	G.Brown	b Ashby	3	st Flavel		3
9	H.Beagley	b Mathews	1	not out		2
10	Mr.C.J.Barnett	c Saunders	0	b Mathews		0
11	H.Bates	b Mathews	7	c Hooker		0
	Total		103			51

1- 2- 3- 4- 5- 6- 7- 8- 9- 10-103   1- 2- 3- 4- 5- 6- 7- 8- 9- 10-51

The Bs Bowling

	O	M	R	W	O	M	R	W
Broadbridge				1				
Bates				4				1
Budd				2				3
Brown								1

England Bowling

	O	M	R	W	O	M	R	W
Ashby				3				2
Mathews				3				1

Umpires: Toss:

Close of play: 1st day:

GODALMING v HAMPSHIRE

Played at Godalming, July 18, 19, 1825.

Godalming won by 202 runs.

GODALMING (with Broadbridge)

1	W.Mathews	c Howard	31	c E.Knight		1
2	B.Caesar	b Ashby	2	b Nicholas		10
3	Mr.J.Grinham	b Ashby	0	c E.Knight		9
4	W.Searle	c Price	14	b Ashby		11
5	J.Broadbridge	c Nicholas	48	b Ashby		34
6	J.Saunders	b Ashby	21	b Howard		54
7	Mr.W.Keen	run out	13	c Howard		56
8	T.Flavel	run out	31	b Deedes		2
9	W.Peto	b Howard	17	not out		1
10	J.Roker	b Howard	0	c Howard		8
11	Mr.W.C.Dyer	not out	2	b Nicholas		0
	Extras	b 8	8	b 12		12
	Total		187			198

1- 2- 3- 4- 5- 6- 7- 8- 9- 10-187   1- 2- 3- 4- 5- 6- 7- 8- 9- 10-198

HAMPSHIRE (with Ashby)

1	J.Beagley	c Searle	49	c Mathews		0
2	W.Ashby	run out	3	not out		0
3	Mr.W.Deedes	c Grinham	0	b Broadbridge		3
4	Mr.F.Nicholas	b Mathews	13	b Mathews		4
5	T.Beagley	b Mathews	0	st Flavel		6
6	Mr.J.J.Willan	c Broadbridge	0	b Mathews		4
7	T.C.Howard	c Broadbridge	1	st Flavel		0
8	Mr.T.Price	run out	11	c Broadbridge		0
9	Mr.E.Knight	c Broadbridge	12	b Flavel		24
10	J.Thumwood	b Mathews	4	b Broadbridge		5
11	Mr.G.T.Knight	not out	5	b Broadbridge		36
	Extras	b 2	2	b 1		1
	Total		100			83

1- 2- 3- 4- 5- 6- 7- 8- 9- 10-100   1- 2- 3- 4- 5- 6- 7- 8- 9- 10-83

Hampshire Bowling

	O	M	R	W		O	M	R	W
Ashby				3					2
Howard				2					1
Nicholas									2
Deedes									1

Godalming Bowling

	O	M	R	W		O	M	R	W
Mathews				3					2
Broadbridge									3
Flavel									1

Umpires: Toss:

Close of play: 1st day:

It is not known which Thumwood played, James or John.

SUSSEX v HAMPSHIRE

Played at Petworth Park, August 8, 9, 1825.

Sussex won by 177 runs.

SUSSEX (with Saunders)

1	J.Broadbridge	c J.Beagley	63	c T.Beagley		92
2	C.Duff	b Howard	3	b Ashby		12
3	Mr.W.Keen	b Howard	1	b Forster		17
4	J.Saunders	b Forster	7	hit wkt		0
5	W.Hooker	b Ashby	19	c Maynard		32
6	Mr.J.Grinham	st Howard	21	b Howard		2
7	W.Broadbridge	b Howard	1	b Howard		0
8	J.Dale	c Deedes	3	run out		4
9	F.W.Lillywhite	b Deedes	0	c T.Beagley		2
10	Mr.J.W.Ladbroke	b Ashby	1	b Maynard		0
11	Mr.C.Warren	not out	0	not out		0
	Extras	b 2	2	b 7		7
	Total		121			168

1- 2- 3- 4- 5- 6- 7- 8- 9- 10-121   1- 2- 3- 4- 5- 6- 7- 8- 9- 10-168

HAMPSHIRE (with Ashby)

1	Forster	b Lillywhite	2	b J.Broadbridge		6
2	H.Lillywhite	b J.Broadbridge	0	b J.Broadbridge		0
3	Mr.W.Deedes	b J.Broadbridge	10	b J.Broadbridge		0
4	J.Beagley	hit wkt	1	c Grinham		9
5	T.Beagley	b J.Broadbridge	13	b J.Broadbridge		8
6	Mr.E.Knight	b J.Broadbridge	0	b J.Broadbridge		0
7	Mr.Roberts	b Lillywhite	10	b Lillywhite		7
8	T.C.Howard	b Lillywhite	4	st W.Broadbridge		0
9	Mr.G.T.Knight	b J.Broadbridge	0	b Lillywhite		3
10	W.Ashby	not out	10	not out		0
11	S.Maynard	c Hooker	18	b J.Broadbridge		8
	Extras	b 3	3			
	Total		71			41

1- 2- 3- 4- 5- 6- 7- 8- 9- 10-71   1- 2- 3- 4- 5- 6- 7- 8- 9- 10-41

Hampshire Bowling

	O	M	R	W		O	M	R	W
Howard				3					2
Forster				1					1
Ashby				2					1
Deedes				1					
Maynard									1

Sussex Bowling

	O	M	R	W		O	M	R	W
Lillywhite				3					2
J.Broadbridge				5					6

Umpires: Toss:

Close of Play: 1st day:

HAMPSHIRE v SUSSEX

Played at Bramshill Park, August 15, 16, 1825.

Hampshire won by 72 runs.

HAMPSHIRE

1	Mr.W.Deedes	b Broadbridge	5	b Dilloway	0
2	Mr.E.Knight	b Searle	3	run out	34
3	W.G.H.Jolliffe	run out	8	lbw	4
4	T.Beagley	b Searle	0	b Searle	8
5	Forster	c Thumwood	3	b Dilloway	2
6	T.Crimble	st Hooker	12	not out	34
7	J.Beagley	run out	25	c Light	22
8	Mr.G.T.Knight	b Searle	0	b Searle	2
9	S.Maynard	b Hooker	10	b Searle	0
10	Mr.Roberts	b Searle	8	b Dilloway	0
11	J.Burt	not out	0	c Broadbridge	6
	Total		74		112

1- 2- 3- 4- 5- 6- 7- 8- 9- 10-74

1- 2- 3- 4- 5- 6- 7- 8- 9- 10-112

SUSSEX

1	Hill	b Burt	6	b Burt	1
2	J.Light	st J.Beagley	8	b Forster	1
3	W.Hooker	run out	4	c Deedes	28
4	W.Broadbridge	c Maynard	5	b Forster	9
5	W.Ayling	c Roberts	1	b Forster	3
6	Mr.C.Warren	c Crimble	1	c Forster	0
7	C.Dilloway	not out	15	b Burt	0
8	J.Thumwood	st J.Beagley	0	lbw	0
9	C.E.Bayly	c Roberts	2	not out	1
10	J.Dilloway	st J.Beagley	7	b Forster	2
11	R.Searle	b Deedes	12	c Deedes	7
	Extras			b 1	1
	Total		61		53

1- 2- 3- 4- 5- 6- 7- 8- 9- 10-61

1- 2- 3- 4- 5- 6- 7- 8- 9- 10-53

Sussex Bowling

	O	M	R	W	O	M	R	W
Broadbridge				1				
Searle				4				3
Hooker				1				
Dilloway								3

Hampshire Bowling

	O	M	R	W	O	M	R	W
Burt				1				2
Deedes				1				
Forster								4

Umpires:
Toss:

Close of play: 1st day:

It is not known which Thumwood played, James or John, or which Dilloway bowled.

CRICKET MATCHES 1826

CAMBRIDGE UNIVERSITY v CAMBRIDGE TOWN CLUB

Played on Parker's Piece, Cambridge, May 17, 1826.

Cambridge University won by 95 runs.

CAMBRIDGE UNIVERSITY

1	Mr.C.Chapman	not out	47	c Johnson		21
2	Mr.J.Antrobus	b Boning	6	b Edwards		11
3	Mr.P.Smith	b Edwards	9	st Edwards		0
4	Mr.H.Jenner	b Edwards	6	b Edwards		51
5	Mr.G.Prendergast	b Edwards	0	b Swan		0
6	Mr.G.Barnard	run out	21	b H.Page		50
7	Mr.Smith	st Edwards	0	b Swan		0
8	Mr.J.Dolphin	c Davis	0	b Edwards		4
9	Mr.R.H.Webb	b H.Page	0	b H.Page		7
10	Mr.A.T.Malkin	b H.Page	0	not out		11
11	Mr.G.Thackeray	b H.Page	0	b Swan		5
	Extras	b 1	1			
	Total		90			160

1- 2- 3- 4- 5- 6- 7- 8- 9- 10-90

1- 2- 3- 4- 5- 6- 7- 8- 9- 10-160

CAMBRIDGE TOWN CLUB

1	J.Swan	lbw	0	b Jenner		5
2	T.Johnson	c P.Smith	2	b Smith		3
3	W.Martin	c Prendergast	16	run out		7
4	H.Page	c Antrobus	0	b Jenner		0
5	M.Page	b P.Smith	11	b Jenner		21
6	J.Davis	b Jenner	5	c Dolphin		28
7	J.Boning	b Jenner	5	c Jenner		8
8	D.B.Edwards	b Jenner	17	st Jenner		0
9	T.Stearn	b Jenner	3	not out		7
10	H.Bird	run out	0	b P.Smith		3
11	S.Bullock	not out	4	b Jenner		0
	Extras	b 3	3	b 7		7
	Total		66			89

1- 2- 3- 4- 5- 6- 7- 8- 9- 10-66

1- 2- 3- 4- 5- 6- 7- 8- 9- 10-89

Cambridge Town Club Bowling

	O	M	R	W	O	M	R	W
Boning				1				
Edwards				3				3
H.Page				3				2
Swan								3

Cambridge University Bowling

	O	M	R	W	O	M	R	W
P.Smith				1				1
Jenner				4				4
Smith								1

Umpires: Toss:

The duration of the match is not known. Chapman carried his bat through the first innings.

M.C.C. v MIDDLESEX

Played at Lord's, June 26, 1826.

Middlesex won by one wicket.

M.C.C.

1	Lord S.Lennox	b J.H.Dark	3	b Cobbett	2
2	Mr.F.Nicholas	b Cobbett	12	b J.H.Dark	0
3	Mr.W.Ward	b J.H.Dark	48	b Jenner	41
4	Mr.J.Townsend	st J.H.Dark	4	b J.H.Dark	33
5	Rev.W.Borradaile	b J.H.Dark	10	c Cobbett	7
6	Mr.C.J.Barnett	b Jenner	13	st J.H.Dark	5
7	Capt.C.Musgrave	b Jenner	1	b B.Dark	2
8	Hon.F.A.Gordon	run out	0	b J.H.Dark	2
9	Mr.J.Tanner	not out	13	c Atkinson	0
10	Capt.C.C.F.Greville	c J.H.Dark	1	not out	3
11	Mr.B.Aislabie	c Jones	0	c Guyett	2
	Extras	b 2	2	b 7	7
	Total		107		104

1- 2- 3- 4- 5- 6- 7- 8- 9- 10-107

1- 2- 3- 4- 5- 6- 7- 8- 9- 10-104

MIDDLESEX

1	Mr.Atkinson	c Tanner	0	b Tanner	19
2	Mr.Briden	c Nicholas	1	c Tanner	7
3	Mr.H.D.Jones	c Musgrave	6	c Greville	1
4	Mr.E.R.Rice	b Tanner	3	b Ward	1
5	Mr.J.Jenner	run out	1	c Borradaile	26
6	J.H.Dark	run out	3	c Borradaile	47
7	B.Dark	not out	13	b Ward	13
8	J.Cobbett	c Greville	1	not out	26
9	Lord Strathavon	c Gordon	2	b Ward	7
10	Guyett	c Tanner	0	not out	27
11	Mr.A.Brooks	c Gordon	0	( ) b Nicholas	0
	Extras	b 1	1	b 8	8
	Total		31	(9 wickets)	182

1- 2- 3- 4- 5- 6- 7- 8- 9- 10-31

1- 2- 3- 4- 5- 6- 7- 8- 9-

Middlesex Bowling

	O	M	R	W	O	M	R	W
J.H.Dark				3				3
Cobbett				1				1
Jenner				2				1
B.Dark								1

M.C.C. Bowling

	O	M	R	W	O	M	R	W
Tanner				1				1
Ward								3
Nicholas								1

Umpires: Toss:

The duration of the match is not known. Cobbett and Guyett added about 50 runs for the last wicket to win the match.

SUSSEX v HAMPSHIRE AND SURREY

Played at Petworth Park, July 17, 18, 1826.

Sussex won by 9 wickets.

HAMPSHIRE AND SURREY

1	Mr.W.Keen	run out	4	st W.Broadbridge	16
2	J.Beagley	st W.Broadbridge	5	st W.Broadbridge	5
3	W.Searle	run out	14	b Duff	3
4	T.Beagley	c Hooker	1	b Duff	0
5	J.Saunders	b Lillywhite	4	run out	20
6	B.Caesar	b Lillywhite	0	b Duff	6
7	Mr.Whitbourn	b Duff	2	b Duff	6
8	Mr.J.J.Willan	c Mellersh	0	b Lillywhite	9
9	W.Peto	hit wkt	3	b Duff	1
10	H.Beagley	c W.Broadbridge	1	hit wkt	2
11	T.C.Howard	not out	0	not out	2
	Extras	b 2	2	b 10	10
	Total		34		76

1- 2- 3- 4- 5- 6- 7- 8- 9- 10-34

1- 2- 3- 4- 5- 6- 7- 8- 9- 10-76

SUSSEX

1	C.Duff	c Peto	3		
2	F.W.Lillywhite	c H.Beagley	4		
3	F.Mellersh	c Keen	13		
4	E.Thwaites	c Saunders	3		
5	W.Hooker	b Howard	5		
6	J.Broadbridge	b Beagley	12		
7	W.Broadbridge	run out	18	( ) not out	2
8	Courtnay	c Peto	3		
9	Mr.W.Jenkins	b T.Beagley	12	( ) st Saunders	15
10	W.Ayling	not out	8	( ) not out	5
11	Mr.F.C.Ladbroke	st Saunders	0		
	Extras	b 9	9		
	Total		90	(1 wicket)	22

1- 2- 3- 4- 5- 6- 7- 8- 9- 10-90

1-

Sussex Bowling

	O	M	R	W		O	M	R	W
Lillywhite				2					1
Duff				1					5

Hampshire and Surrey Bowling

	O	M	R	W		O	M	R	W
Howard				1					
T.Beagley				1					
Beagley				1					

Umpires: Toss:

Close of Play: 1st day:

Hampshire and Surrey first innings adds 2 over and the second innings adds 4 over. It is not known which Beagley dismissed J.Broadbridge. 'The Sussex bowling was much objected to.'

SHEFFIELD AND LEICESTER v NOTTINGHAM

Played at Darnall, July 24, 25, 26, 1826.

Sheffield and Leicester won by an innings and 203 runs.

NOTTINGHAM

1	T.Barker	b Rawlins	9	st Vincent		16
2	C.Jarvis	c Owston	3	c Gamble		13
3	W.Clarke	b Marsden	5	b Marsden		8
4	G.Jarvis	c Rawlins	20	b Shelton		14
5	G.Smith	run out	6	c Davis		0
6	R.Warsop	b Marsden	3	c Woolhouse		4
7	*†J.Dennis	b Marsden	1	b Marsden		1
8	J.Kettleband	b Marsden	6	c Vincent		3
9	C.Goodall	c Woolhouse	11	not out		5
10	P.Bramley	not out	20	b Shelton		4
11	G.Thorpe	b Rawlins	12	st Vincent		2
	Extras	b 5	5	b 5		5
	Total		101			75

1- 2- 3- 4- 5- 6- 7- 8- 9-70 10-101

1- 2- 3- 4- 5- 6- 7- 8- 9- 10-75

SHEFFIELD AND LEICESTER

1	W.Shelton	c Dennis b Clarke	0
2	W.Barber	b Barker	11
3	H.Davis	b Barker	26
4	†E.Vincent	b G.Jarvis	17
5	T.Marsden	c and b Barker	227
6	T.Gamble	c Bramley	61
7	G.W.Owston	c Bramley	0
8	W.Squires	b Clarke	0
9	*W.H.Woolhouse	lbw	0
10	J.Dearman	b Clarke	27
11	G.Rawlins	not out	0
	Extras	b 10	10
	Total		379

1- 2- 3- 4- 5- 6- 7- 8- 9-379 10-379

Sheffield and Leicester Bowling

	O	M	R	W		O	M	R	W
Rawlins				2					
Marsden				4					2
Shelton									2

Nottingham Bowling

	O	M	R	W
Clarke				3
Barker				3
G.Jarvis				1
Dennis				0

Umpires: Shaw (Nottingham) and Petty (Sheffield and Leicester) Toss: Sheffield and Leicester

Close of Play: 1st day: Sheffield and Leicester (1) ?-1 (Barber and Davis not out). 2nd day: Sheffield and Leicester (1) ?-? (Marsden not out).

Marsden batted over eight hours, approximately 4½ hours on the 25th and 3½ hours on the 26th. 'Woolhouse was given out lbw despite having played the ball on to his leg.' Marsden and Gamble added at least 119 for the fifth wicket. The attendance was estimated at 30,000 over the three days.

HAMPSHIRE AND SURREY v SUSSEX

Played at Bramshill Park, August 7, 8, 1826.

Sussex won by eight wickets.

HAMPSHIRE AND SURREY

1	J.Bowyer	run out	23	b J.Broadbridge	0
2	T.Flavel	st W.Broadbridge b Lillywhite	19	st W.Broadbridge b Lillywhite	0
3	W.Searle	st W.Broadbridge b Lillywhite	2	c Mellersh b Lillywhite	18
4	T.Beagley	b Duff	32	st W.Broadbridge b Lillywhite	4
5	J.Saunders	st W.Broadbridge b Lillywhite	0	c Mellersh b Lillywhite	3
6	Mr.W.Keen	c W.Broadbridge b J.Broadbridge	2	c Mellersh b Lillywhite	5
7	J.Beagley	b Lillywhite	5	c W.Broadbridge b Lillywhite	0
8	J.Thumwood	b Lillywhite	1	not out	8
9	Mr.J.J.Willan	b Lillywhite	9	st W.Broadbridge b Lillywhite	0
10	Mr.W.Deedes	b Lillywhite	3	st W.Broadbridge b Lillywhite	0
11	T.C.Howard	not out	0	b Lillywhite	0
	Extras	b 6	6	b 1	1
	Total		102		39

1- 2- 3- 4- 5- 6- 7- 8- 9- 10-102

1- 2- 3- 4- 5- 6- 7- 8- 9- 10-39

SUSSEX

1	F.W.Lillywhite	run out	8		
2	C.Duff	c Bowyer	49	not out	5
3	W.Broadbridge	b Flavel	10		
4	Mr.F.C.Ladbroke	b Searle	0		
5	J.Broadbridge	st Saunders	2	( ) b Howard	5
6	Mr.W.Jenkins	b Howard	17	( ) hit wkt	0
7	W.Ayling	st Saunders	4		
8	H.Warner	b Flavel	1		
9	W.Hooker	b Flavel	27	( ) not out	9
10	Mr.C.Warren	not out	0		
11	F.Mellersh	c Flavel	3		
	Extras	b 2	2		
	Total		123	(2 wickets)	19

1- 2- 3- 4- 5- 6- 7- 8- 9- 10-123

1- 2-

Sussex Bowling

	O	M	R	W	O	M	R	W
Lillywhite				7				9
Duff				1				
J.Broadbridge				1				1

Hampshire and Surrey Bowling

	O	M	R	W	O	M	R	W
Flavel				3				
Searle				1				
Howard				1				1

Umpires: Toss:

Close of play: 1st day:

It is not known which Thumwood played, James or John.

SUSSEX v KENT

Played on Ireland's Ground, Brighton, August 14, 15, 1826.

Sussex won by 162 runs.

SUSSEX

1	H.Morley	c Bates	2	c Mills		3
2	G.Brown	b Ashby	7	b Ashby		16
3	W.Hooker	c Ashby	4	st Southon		0
4	G.Meads	b Bates	0	b Ashby		0
5	J.Broadbridge	b Ashby	5	c Mills		26
6	W.Broadbridge	c Bray	46	c Baker		42
7	J.Dale	not out	40	not out		8
8	F.W.Lillywhite	b Ashby	4	b Mills		6
9	J.Slater	b Bates	5	c Baker		14
10	C.J.Pierpoint	c Baker	5	c Wenman		14
11	C.Lanaway	b Bates	12	b Mills		13
	Extras	b 3	3	b 1		1

Total 133 143

1- 2- 3- 4- 5- 6- 7- 8- 9- 10-133   1- 2- 3- 4- 5- 6- 7- 8- 9- 10-143

KENT (with Baker, Bray and Thwaites)

1	E.Thwaites	b Lillywhite	16	c W.Broadbridge		4
2	J.Bray	b Brown	11	b J.Broadbridge		21
3	R.Mills	st W.Broadbridge	5	b Brown		0
4	J.Noakes	b Lillywhite	0	b Brown		8
5	E.G.Wenman	b Brown	2	b Lillywhite		1
6	J.B.Baker	not out	6	c J.Broadbridge		27
7	S.Southon	b Brown	0	b Brown		0
8	H.Bates	b Brown	0	not out		0
9	C.Prickett	b Brown	0	b W.Broadbridge		7
10	W.Leaney	b Brown	0	b Brown		0
11	W.Ashby	b Lillywhite	1	c Slater		0
	Extras	b 2	2	b 3		3

Total 43 71

1- 2- 3- 4- 5- 6- 7- 8- 9- 10-43   1- 2- 3- 4- 5- 6- 7- 8- 9- 10-71

Kent Bowling

	O	M	R	W	O	M	R	W
Ashby				3				2
Bates				3				
Mills								2

Sussex Bowling

	O	M	R	W	O	M	R	W
Lillywhite				3				1
Brown				6				4
J.Broadbridge								1
W.Broadbridge								1

Umpires: Toss:

Close of Play: 1st day:

KENT v SUSSEX

Played at Hawkhurst Moor, August 21, 22, 1826.

Kent won by nine wickets.

SUSSEX
1	T.Box	b Ashby	3	c R.Mills		0
2	F.W.Lillywhite	b Ashby	2	b G.Mills		0
3	G.Brown	b Ashby	7	b Bates		3
4	W.Broadbridge	b G.Mills	5	not out		4
5	J.Slater	b Ashby	0	run out		0
6	J.Broadbridge	c Noakes	0	b Bates		8
7	C.Lanaway	c Bates	2	b G.Mills		9
8	H.Morley	c R.Mills	2	lbw		14
9	G.Goad	b Ashby	0	run out		0
10	G.Murrell	c G.Mills	0	b Bates		0
11	W.Dench	not out	0	c Bates		2
	Extras	b 2	2	b 3		3
	Total		23			43

1- 2- 3- 4- 5- 6- 7- 8- 9- 10-23

1- 2- 3- 4- 5- 6- 7- 8- 9- 10-43

KENT
1	C.Prickett	b J.Broadbridge	4	not out		6
2	J.Noakes	b Lillywhite	11	b Lillywhite		0
3	J.Bray	b Lilllywhite	1			
4	R.Mills	hit wkt	6			
5	E.Thwaites	b Brown	12			
6	J.B.Baker	b Brown	11			
7	E.G.Wenman	b Lillywhite	0			
8	S.Southon	b Brown	1			
9	G.Mills	b Brown	1			
10	H.Bates	not out	1			
11	W.Ashby	c Brown	1			
	Extras	b 13	13			
	Total		62	(1 wicket)		6

1- 2- 3- 4- 5- 6- 7- 8- 9- 10-62

1-

Kent Bowling
	O	M	R	W		O	M	R	W
Ashby				5					
G.Mills				1					2
Bates									3

Sussex Bowling
	O	M	R	W		O	M	R	W
J.Broadbridge				1					
Lillywhite				3					1
Brown				4					

Umpires: Toss:

Close of Play: 1st day:

The other not out batsman in the Kent 2nd innings is not known.

CRICKET MATCHES 1827

CAMBRIDGE TOWN CLUB v CAMBRIDGE UNIVERSITY

Played on Parker's Piece, Cambridge, May 23, 1827.

Cambridge University won by an innings and 32 runs.

CAMBRIDGE TOWN CLUB

1	J.Crouch	b Chapman	2	st Jenner	3
2	W.Austin	b Chapman	0	b Jenner	0
3	J.Emmerson	c Freer	14	lbw	7
4	D.B.Edwards	c Dolphin	3	c Jenner	1
5	G.Sussums	b Ray	0	c Dolphin	6
6	J.Horn	b Jenner	3	b Chapman	5
7	J.Hall	b Chapman	11	b Ray	5
8	S.Bullock	b Chapman	7	b Jenner	7
9	T.Sell	run out	1	not out	12
10	O.Eaden	b Chapman	2	b Ray	6
11	Smith	not out	0	b Chapman	0
	Extras	b 1	1	b 7	7
	Total		47		59

1- 2- 3- 4- 5- 6- 7- 8- 9- 10-47

1- 2- 3- 4- 5- 6- 7- 8- 9- 10-59

CAMBRIDGE UNIVERSITY

1	Mr.W.Hopkins	b Bullock	18
2	*Mr.H.Jenner	b Edwards	23
3	Mr.C.Chapman	c Crouch	26
4	Mr.E.H.Pickering	b Edwards	8
5	Mr.J.Dolphin	c Austin	0
6	Mr.J.L.Freer	c Austin	9
7	Mr.R.H.Webb	b Edwards	10
8	Mr.C.H.Templeton	c Sussums	21
9	Mr.W.G.Cookesley	b Bullock	0
10	Mr.P.W.Ray	b Bullock	5
11	Mr.Thompson	not out	14
	Extras	b 4	4
	Total		138

1- 2- 3- 4- 5- 6- 7- 8- 9- 10-138

Cambridge University Bowling

	O	M	R	W	O	M	R	W
Chapman				5				2
Ray				1				2
Jenner				1				2

Cambridge Town Club Bowling

	O	M	R	W
Bullock				3
Edwards				3

Umpires: Toss:

It is believed this match was completed in one day. The Cambridge Town Club first innings adds up 3 runs short.

CAMBRIDGE UNIVERSITY v CAMBRIDGE TOWN CLUB

Played on Parker's Piece, Cambridge, May 29, 1827.

Cambridge Town Club won by 129 runs.

CAMBRIDGE TOWN CLUB
1
2
3
4
5
6
7
8
9
10
11
    Extras

    Total   53   136
    1- 2- 3- 4- 5- 6- 7- 8- 9- 10-53   1- 2- 3- 4- 5- 6- 7- 8- 9- 10-136

CAMBRIDGE UNIVERSITY
1
2
3
4
5
6
7
8
9
10
11
    Extras

    Total   22   38
    1- 2- 3- 4- 5- 6- 7- 8- 9- 10-22   1- 2- 3- 4- 5- 6- 7- 8- 9- 10-38

Cambridge University Bowling
                                      O   M   R   W   O   M   R   W

Cammbridge Town Club Bowling
                                      O   M   R   W   O   M   R   W

Umpires: Toss:

It is believed this match was completed in one day. Further details of the match are not known.

ENGLAND v SUSSEX

Played at Darnall, June 4, 5, 6, 1827.

Sussex won by seven wickets.

ENGLAND

1	T.Flavel	b Lillywhite	0	(4) c Lillywhite	3
2	J.Bowyer	hit wkt b J.Broadbridge	0	(10) b J.Broadbridge	0
3	J.Saunders	c Slater b J.Broadbridge	0	(8) b J.Broadbridge	11
4	W.Barber	c Dale	1	(3) b J.Broadbridge	1
5	T.Marsden	hit wkt b Lillywhite	0	(7) c Meads b Lillywhite	22
6	F.Pilch	b Lillywhite	38	(5) c Brown	13
7	G.E.Dawson	run out	13	(1) b J.Broadbridge	15
8	T.Beagley	b Lillywhite	17	(9) not out	5
9	W.Mathews	b Lillywhite	2	(11) b Lillywhite	1
10	G.Jarvis	c J.Broadbridge	9	(2) b J.Broadbridge	17
11	H.Jupp	not out	0	(6) c Lillywhite	20
	Extras	b 1	1	b 4	4
	Total		81		112

1-0 2-0 3-0 4-0 5-1 6- 7- 8- 9- 10-81

1- 2- 3- 4- 5- 6- 7- 8- 9- 10-112

SUSSEX

1	W.Slater	c Pilch b Mathews	0		
2	F.W.Lillywhite	st Saunders	14		
3	W.Broadbridge	c Pilch	14		
4	E.Thwaites	c Jarvis	0	not out	37
5	J.Broadbridge	st Saunders	0	not out	15
6	T.Pierpoint	c Marsden	3	(3) b Marsden	23
7	G.Brown	b Mathews	2	(1) c Marsden	1
8	J.Dale	not out	31		
9	C.Duff	c Marsden	0		
10	C.J.Pierpoint	b Flavel	1		
11	G.Meads	b Mathews	26	(2) b Pilch	21
	Extras			b 6	6
	Total		91	(3 wickets)	103

1-0 2- 3- 4-28 5- 6- 7-35 8- 9- 10-91

1- 2- 3-

Sussex Bowling

	O	M	R	W		O	M	R	W
Lillywhite				5					2
J.Broadbridge				2					5

England Bowling

	O	M	R	W		O	M	R	W
Mathews				3					
Flavel				1					
Marsden									1
Pilch									1

Umpires: C.Roots (Sussex) and J.Dennis (England)   Toss:

Close of Play: 1st day: Sussex (1) 78-9 (Dale 22*, Meads 22*). 2nd day: England (2) 50-5 (Jupp not out).

This was the first of three matches this season played between England and Sussex as being an experimental contest between underarm and the round-armed bowling introduced about this period. 'At one period 83 balls without getting a single run.' The 10th wicket partnership between Dale and Meads added at least 50 runs.

OXFORD UNIVERSITY v CAMBRIDGE UNIVERSITY

Played at Lord's, June 4, 5, 1827.

Match drawn.

OXFORD UNIVERSITY

1	*Mr.C.Wordsworth	b Jenner	8
2	Mr.H.E.Knatchbull	c Romilly	43
3	Mr.W.W.Ellis	b Jenner	12
4	Mr.J.Papillon	run out	42
5	Mr.E.Pole	b Jenner	11
6	Mr.R.Price	b Horseman	71
7	Mr.C.H.Bayly	b Kingdon	14
8	Mr.J.W.Bird	b Jenner	17
9	Mr.T.Denne	b Jenner	4
10	Mr.W.Pilkington	not out	12
11	Mr.W.H.Lewis	b Horseman	14
	Extras	b 10	10
	Total		258

1- 2- 3- 4- 5- 6- 7- 8- 9- 10-258

CAMBRIDGE UNIVERSITY

1	Mr.R.H.Webb	b Wordsworth	7
2	Mr.S.N.Kingdon	b Wordsworth	5
3	*Mr.H.Jenner	c Bird	47
4	Mr.E.H.Pickering	b Wordsworth	3
5	Mr.J.Dolphin	b Bayly	6
6	Mr.E.Romilly	b Wordsworth	8
7	Mr.J.L.Freer	b Wordsworth	3
8	Mr.C.H.Templeton	run out	5
9	Mr.W.G.Cookesley	b Wordsworth	0
10	Mr.E.H.Handley	b Wordsworth	0
11	Mr.E.Horseman	not out	2
	Extras	b 6	6
	Total		92

1- 2- 3- 4- 5- 6- 7- 8- 9- 10-92

Cambridge University Bowling

	O	M	R	W
Jenner				5
Horseman				2
Kingdon				1

Oxford University Bowling

	O	M	R	W
Wordsworth				7
Bayly				1

Umpires: W.Ashby and W.H.Caldecourt   Toss:

Close of play: 1st day: Cambridge University (1) 92 all out.

There was no play in the second day due to rain. *Bell's Life* says the match was postponed to a future day owing to unfavourable weather, but it seems likely the match did take place on the given date. The O.U.C.C. history states Wordsworth conceded 25 runs, but as no bowling analyses were recorded it is not known how this figure could be given. This is the first recorded match between Oxford University and Cambridge University.

ENGLAND v SUSSEX

Played at Lord's, June 18, 19, 1827.

Sussex won by three wickets.

ENGLAND

1	W.Mathews	c Brown	6	b J.Broadbridge	2
2	W.Searle	b J.Broadbridge	0	c Brown	5
3	J.Saunders	c Thwaites	12	b Lillywhite	6
4	Mr.W.Ward	b Duff	42	c Baker	20
5	T.Marsden	b Lillywhite	28	c Baker	16
6	T.Beagley	run out	37	c Brown	4
7	F.Pilch	b Duff	17	b J.Broadbridge	0
8	Mr.H.R.Kingscote	c Brown	1	c W.Broadbridge	1
9	Mr.G.T.Knight	b Duff	0	b J.Broadbridge	2
10	T.C.Howard	b Lillywhite	3	c Brown	0
11	W.Ashby	not out	0	not out	0
	Extras	b 6	6	b 4	4
	Total		152		60

1- 2- 3- 4- 5- 6- 7- 8- 9- 10-152

1- 2- 3- 4- 5- 6- 7- 8- 9- 10-60

SUSSEX

1	Mr.R.Cheslyn	b Knight	0	(9) not out	8
2	W.Slater	c Marsdenn	10		
3	H.Morley	b Knight	13	(1) not out	12
4	W.Broadbridge	b Knight	21	(2) c Beagley	7
5	E.Thwaites	b Knight	15	(3) b Ashby	8
6	J.Broadbridge	not out	8	(4) run out	28
7	G.Brown	b Mathews	14	(5) c Beagley	25
8	T.Pierpoint	c Beagley	10	(6) b Mathews	1
9	C.Duff	b Ashby	1		
10	F.W.Lillywhite	st Saunders	0	(7) b Marsden	4
11	J.B.Baker	c Howard	0	(8) b Howard	17
	Extras	b 4	4	b 7	7
	Total		96	(7 wickets)	117

1- 2- 3- 4- 5- 6- 7- 8- 9- 10-96

1- 2- 3- 4- 5- 6- 7-

Sussex Bowling

	O	M	R	W	O	M	R	W
J.Broadbridge				1				3
Duff				3				
Lillywhite				2				1

England Bowling

	O	M	R	W	O	M	R	W
Knight				4				
Mathews				1				1
Ashby				1				1
Marsden								1
Howard								1

Umpires: B.Dark and J.Bentley   Toss:

Close of Play: 1st day:

After this match the following declaration appeared: 'We, the undersigned, do agree that we will not play the third match between All England and Sussex, which is intended to be played at Brighton in July or August unless the Sussex bowlers bowl fair - this is, abstain from throwing' signed by T.Marsden, W.Ashby, W.Mathews, W.Searle, J.Saunders, T.C.Howard, W.Caldecourt, F.Pilch and T.Beagley. This declaration was later withdrawn.

SEVENTEEN GENTLEMEN v PLAYERS

Played at Lord's, June 25, 26, 27, 1827.

Seventeen Gentlemen won by 29 runs.

SEVENTEEN GENTLEMEN

1	Mr.J.Townsend	b Mathews	12	run out	9
2	Mr.H.Jenner	b Mathews	10	b Broadbridge	0
3	Mr.F.Nicholas	c Saunders	0	c Mathews	6
4	Mr.G.T.Knight	b Mathews	16	c Broadbridge	4
5	Mr.H.R.Kingscote	st Slater	3	b Ashby	16
6	Mr.W.Ward	hit wkt	26	b Ashby	11
7	Mr.P.H.Dyke	b Sparks	19	b Ashby	8
8	Col.W.H.Sewell	c Slater	32	c Saunders	21
9	Mr.H.J.Lloyd	b Sparks	0	b Ashby	3
10	Mr.E.Knight	c Caldecourt	9	b Ashby	24
11	Mr.C.J.Barnett	c Ashby	1	c Mathews	8
12	Mr.E.Romilly	run out	11	b Ashby	6
13	Mr.J.Deedes	c Sparks	5	b Broadbridge	0
14	Mr.C.A.Rocke	st Slater	16	c Marsden	2
15	Mr.H.Y.Everett	not out	8	b Ashby	4
16	Lord Strathavon	b Mathews	0	b Ashby	4
17	Mr.H.T.Lane	b Mathews	0	not out	0
	Extras	b 1	1	b 2	2
	Total		169		128

1- 2- 3- 4- 5- 6- 7- 8- 9- 10- 11- 12- 13- 14- 15- 16-169

1- 2- 3- 4- 5- 6- 7- 8- 9- 10- 11- 12- 13- 14- 15- 16-128

PLAYERS

1	W.Slater	b Jenner	3	b G.T.Knight	0
2	J.Broadbridge	b G.T.Knight	21	b Jenner	17
3	T.Beagley	run out	7	b Jenner	18
4	W.Searle	b Jenner	23	not out	23
5	J.Sparks	b G.T.Knight	0	b G.T.Knight	1
6	T.Marsden	c Sewell	10	st G.T.Knight	40
7	J.Saunders	not out	45	c Barnett	4
8	E.Thwaites	run out	0	c Romilly	16
9	W.H.Caldecourt	b G.T.Knight	5	b G.T.Knight	7
10	W.Mathews	b Nicholas	5	c Sewell	5
11	W.Ashby	run out	1	b Jenner	3
	Extras	b 8	8	b 6	6
	Total		128		140

1- 2- 3- 4- 5- 6- 7- 8- 9- 10-128

1- 2- 3- 4- 5- 6- 7- 8- 9- 10-140

Players Bowling

	O	M	R	W	O	M	R	W
Mathews				5				
Sparks				2				
Broadbridge								2
Ashby								8

Seventeen Gentlemen Bowling

	O	M	R	W	O	M	R	W
Jenner				2				3
G.T.Knight				3				3
Nicholas				1				

Umpires: Toss:

Close of Play: 1st day: Players (1) 128 all out. 2nd day:

In the second innings, Beagley was balled by a no-ball from G.T.Knight who was frequently no-balled for his round-arm bowling. The no-balls either counted for nothing or were included in the byes.

M.C.C. v KENT

Played at Lord's, July 2, 3, 1827.

Kent won by 158 runs.

KENT

1	Mr.H.Jenner	b Burt	20	b Caldecourt		2
2	Mr.T.Dyke	b Caldecourt	0	b Burt		6
3	Mr.H.E.Knatchbull	c Ward	8	b Burt		17
4	R.Mills	b Caldecourt	0	b Caldecourt		94
5	Mr.P.H.Dyke	c Caldecourt	31	b Vigne		0
6	Mr.H.Norman	not out	69	c Sewell		17
7	Mr.J.Jardine	b Caldecourt	13	c Romilly		4
8	Mr.J.Deedes	b Burt	2	b Caldecourt		0
9	Mr.G.T.Knight	b Burt	0	b Caldecourt		0
10	Lord Strathavon	b Caldecourt	14	not out		0
11	W.Ashby	c Lloyd	10	c Nicholas		11
	Extras	b 4	4	b 4		4
	Total		171			155

1- 2- 3- 4- 5- 6- 7- 8- 9- 10-171

1- 2- 3- 4- 5- 6- 7- 8- 9- 10-155

M.C.C.

1	J.Burt	st Knight	1	not out		0
2	Mr.J.Townsend	b Knight	4	st Jenner		4
3	Mr.W.Ward	c Deedes	15	b Knight		7
4	Col.W.H.Sewell	b Ashby	7	b Ashby		2
5	Mr.C.A.Rocke	lbw	0	b Knight		8
6	Mr.E.Romilly	b Ashby	0	c P.H.Dyke		3
7	Mr.F.Nicholas	b Ashby	14	b Ashby		1
8	Hon.Col.H.C.Lowther	b Ashby	5	c Ashby		5
9	W.H.Caldecourt	not out	39	c Norman		5
10	Mr.H.J.Lloyd	b Ashby	0	b Ashby		0
11	Mr.T.Vigne	c Mills	18	c Knight		14
	Extras	b 11	11	b 5		5
	Total		114			54

1- 2- 3- 4- 5- 6- 7- 8- 9- 10-114

1- 2- 3- 4- 5- 6- 7- 8- 9- 10-54

M.C.C. Bowling

	O	M	R	W	O	M	R	W
Burt				3				2
Caldecourt				4				4
Vigne								1

Kent Bowling

	O	M	R	W	O	M	R	W
Knight				1				2
Ashby				5				3

Umpires:

Toss:

Close of Play: 1st day:

SEVENTEEN GENTLEMEN v PLAYERS

Played at Lord's, July 9, 10, 11, 1827.

Players won by an innings and 42 runs.

SEVENTEEN GENTLEMEN

1	Mr.H.Jenner	b Ashby	1	b Howard	17
2	Mr.H.E.Knatchbull	b Pilch	12	c Howard	0
3	Mr.H.Norman	b Ashby	7	c Brown	3
4	Mr.G.T.Knight	st Flavel	6	b Howard	20
5	Mr.P.H.Dyke	b Howard	18	b Ashby	18
6	Mr.W.Ward	not out	96	b Howard	22
7	Col.W.H.Sewell	b Ashby	1	hit wkt	18
8	Mr.H.R.Kingscote	b Howard	1	b Ashby	7
9	Mr.C.A.Rocke	b Howard	1	b Ashby	0
10	Capt.C.C.F.Greville	run out	0	absent	0
11	Mr.Batt	b Ashby	0	b Brown	1
12	Mr.J.Deedes	b Ashby	8	not out	1
13	Mr.C.J.Barnett	c Saunders	0	b Ashby	0
14	Mr.E.Knight	b Pilch	10	c Saunders	4
15	Mr.F.Nicholas	b Ashby	0	c Flavel	1
16	Mr.H.J.Lloyd	b Ashby	2	c Ashby	10
17	Hon.F.A.Gordon	c Saunders	3	( ) b Howard	0
	Extras	b 1	1	b 3	3
	Total		167		125

1- 2- 3- 4- 5- 6- 7- 8- 9- 10- 11- 12- 13- 14- 15- 16-167

1- 2- 3- 4- 5- 6- 7- 8- 9- 10- 11- 12- 13- 14- 15-125

PLAYERS

1	J.Broadbridge	lbw	10
2	W.Searle	b Batt	60
3	T.Beagley	b Gordon	30
4	T.Flavel	b Jenner	7
5	J.Saunders	c Batt	100
6	W.Ashby	c Deedes	1
7	T.C.Howard	c Nicholas	11
8	T.Marsden	b Dyke	23
9	W.H.Caldecourt	b Dyke	7
10	F.Pilch	not out	38
11	G.Brown	c sub (Saunders)	27
	Extras	b 20	20
	Total		334

1- 2- 3- 4- 5- 6- 7- 8- 9- 10-334

Players Bowling

	O	M	R	W		O	M	R	W
Ashby				7					4
Pilch				2					
Howard				3					4
Brown									1

Seventeen Gentlemen Bowling

	O	M	R	W
Batt				1
Gordon				1
Jenner				1
G.T.Knight				0
Dyke				2

Umpires: Toss:

Close of Play: 1st day: 2nd day:

Saunders fielded substitute for E.Knight. G.T.Knight bowled about 24 balls only four of which were deemed fair by the umpires.

69

SUSSEX v ENGLAND

Played at Royal Grounds, Brighton, July 23, 24, 25, 1827.

England won by 24 runs.

ENGLAND

1	W.Searle	b Lillywhite	7	b J.Broadbridge	7
2	F.Pilch	run out	3	b Brown	9
3	J.Saunders	st Slater	0	c Dale	44
4	Mr.W.Ward	b J.Broadbridge	2	b Lillywhite	5
5	Mr.E.H.Budd	b Lillywhite	8	c Dale	14
6	T.Marsden	c Dale	0	st Slater	9
7	T.Beagley	c J.Broadbridge	5	c Dale	25
8	R.Mills	c Lillywhite	0	not out	4
9	Mr.G.T.Knight	b Lilllywhite	0	c Brown	3
10	Mr.H.R.Kingscote	b J.Broadbridge	0	c Dale	31
11	Mr.G.Osbaldeston	not out	0	c W.Broadbridge	7
	Extras	b 2	2	b 11	11
	Total		27		169

1- 2- 3- 4- 5- 6- 7- 8- 9- 10-27

1-10 2- 3- 4- 5- 6- 7- 8- 9- 10-169

SUSSEX

1	H.Morley	c Budd	3	c Osbaldeston	0
2	F.W.Lillywhite	b Budd	8	(11) not out	0
3	E.Thwaites	c Saunders	7	hit wkt	20
4	J.Broadbridge	b Knight	0	c Ward	0
5	G.Brown	c Pilch	24	b Knight	17
6	W.Broadbridge	st Saunders	18	hit wkt	14
7	J.Dale	c Saunders	4	run out	20
8	C.Lanaway	b Budd	0	(10) b Knight	0
9	J.B.Baker	st Saunders	4	c Ward	7
10	Mr.R.Cheslyn	run out	4	( ) run out	0
11	W.Slater	not out	0	( ) b Budd	4
	Extras	b 5	5	b 13	13
	Total		77		95

1- 2- 3- 4- 5- 6- 7- 8- 9- 10-77

1- 2- 3-7 4- 5- 6- 7-53 8- 9- 10-95

Sussex Bowling

	O	M	R	W	O	M	R	W
Lillywhite				3				1
J.Broadbridge				2				1
Brown								1

England Bowling

	O	M	R	W	O	M	R	W
Knight				1				2
Budd				2				1

Umpires:

Toss: England

Close of Play: 1st day: England (2) 10-1. 2nd day: Sussex (2) 11-3 (W.Broadbridge not out).

On the first day, £112 was taken at the gate, at 6d. per person. There were 3,000 to 6,000 present on each day.

SHEFFIELD v NOTTINGHAM

Played at Darnall, July 30, 31, August 1, 1827.

Sheffield won by 154 runs.

SHEFFIELD

1	W.H.Woolhouse	b Clarke	16	b Barker		51
2	W.Barber	b Clarke	0	b Barker		0
3	H.Hall	b Clarke	2	b Clarke		5
4	T.Marsden	not out	65	c Sheraton		52
5	J.Wright	b Clarke	4	b Jarvis		8
6	G.E.Dawson	c Clarke	11	c Jarvis		9
7	J.Dearman	c Clarke	3	st Dennis		0
8	J.Webster	c Brittain	8	not out		19
9	G.Skinner	b Jarvis	0	b Clarke		8
10	G.Rawlins	b Jarvis	0	c Smith		12
11	G.Smith	b Clarke	23	run out		1
	Extras	b 8	8	b 1		1

Total 140   166

1- 2- 3- 4- 5- 6- 7- 8- 9- 10-140   1- 2- 3- 4- 5- 6- 7- 8- 9- 10-166

NOTTINGHAM

1	T.Trueman	b Marsden	0	not out		3
2	W.Sheraton	b Rawlins	4	b Marsden		20
3	T.Barker	b Rawlins	4	lbw		0
4	W.Hewitt	b Rawlins	11	st Dearman		8
5	G.Jarvis	b Rawlins	2	b Marsden		12
6	W.Clarke	b Marsden	3	c Dearman		11
7	J.Dennis	b Marsden	1	b Rawlins		1
8	G.Smith	b Rawlins	3	b Rawlins		6
9	J.Kettleband	c Woolhouse	10	st Dearman		7
10	J.Brittain	hit wkt	0	st Dearman		1
11	W.Upton	not out	9	b Rawlins		7
	Extras	b 12	12	b 17		17

Total 59   93

1- 2- 3- 4- 5- 6- 7- 8- 9- 10-59   1- 2- 3- 4- 5- 6- 7- 8- 9- 10-93

Nottingham Bowling

	O	M	R	W		O	M	R	W
Clarke				5					2
Jarvis				2					1
Barker									2

Sheffield Bowling

	O	M	R	W		O	M	R	W
Marsden				3					2
Rawlins				5					3

Umpires: Toss:

Close of Play: 1st day: Sheffield (1) 140 all out. 2nd day:

The Nottingham team left the ground when the Sheffield first innings closed at 6.00 despite play being advertised to continue until 7.30pm.

KENT v SUSSEX (Twelve-a-side)

Played on The Vine, Sevenoaks, August 20, 21, 22, 1827.

Sussex won by four wickets.

KENT (with Saunders)
1	R.Mills	b Broadbridge	17	b Broadbridge		18
2	G.Hopper	b Broadbridge	5	b Broadbridge		4
3	Mr.E.Knight	c Brown	5	b Broadbridge		25
4	J.Saunders	c Brown	15	c Bray		8
5	E.G.Wenman	b Broadbridge	10	b Lillywhite		1
6	G.Mills	not out	23	b Lillywhite		4
7	Mr.P.H.Dyke	b Broadbridge	10	b Broadbridge		3
8	Mr.G.Claridge	c Slater	0	b Lillywhite		8
9	J.H.Dark	run out	10	b Lillywhite		1
10	W.Ashby	b Lillywhite	0	not out		0
11	Mr.G.T.Knight	c Bray	0	run out		22
12	J.Mayers	b Lillywhite	0	run out		1
	Extras	b 6	6	b 5		5
	Total		101			100

1- 2- 3- 4- 5- 6- 7- 8- 9- 10- 11-101
1- 2- 3- 4- 5- 6- 7- 8- 9- 10- 11-100

SUSSEX
1	W.Slater	c Hopper	3	not out		3
2	F.W.Lillywhite	c Hopper	2	b G.T.Knight		9
3	J.Broadbridge	c Saunders	7	c Saunders		6
4	E.Thwaites	b G.Mills	5	run out		7
5	J.Bray	st Saunders	13	lbw		24
6	G.Brown	c Claridge	29	b G.T.Knight		14
7	T.Pierpoint	b G.T.Knight	0	b G.T.Knight		31
8	G.Meads	run out	0	b G.T.Knight		23
9	Mr.H.P.Tamplin	run out	3			
10	C.J.Pierpoint	b G.Mills	3			
11	Mr.H.Knight	not out	3			
12	Mr.B.Aislabie	c Hopper	0			
	Extras	b 6	6	b 11		11
	Total		74	(7 wickets)		128

1- 2- 3- 4- 5- 6- 7- 8- 9- 10- 11-74
1- 2- 3- 4- 5- 6- 7-

Sussex Bowling
	O	M	R	W	O	M	R	W
Broadbridge				4				4
Lillywhite				2				4

Kent Bowling
	O	M	R	W	O	M	R	W
G.Mills				2				
G.T.Knight				1				4

Umpires:　　　　　　　　　　　　　Toss: Sussex

Close of Play: 1st day: 2nd day:

The other not out batsman in the Sussex second innings is not known. T.Pierpoint was in from 10.30 in the morning until 6.00 in the evening in the second innings.

NOTTINGHAM v SHEFFIELD

Played on the Forest Ground, Nottingham, August 20, 21, 22, 23, 1827.

Nottingham won by nine wickets.

SHEFFIELD

1	*W.H.Woolhouse	b Barker	25	b Barker	29
2	W.Barber	c Jarvis	10	not out	2
3	G.Smith	st Dennis	6	b Barker	1
4	T.Marsden	st Dennis b Crook	24	b Clarke	19
5	J.Wright	run out	0	b Barker	0
6	G.E.Dawson	b Barker	5	b Jarvis	7
7	H.Hall	c Barker	4	lbw	14
8	J.Webster	c Dennis	2	b Barker	0
9	G.Rawlins	not out	5	hit the ball twice	6
10	J.Dearman	b Barker	1	run out	2
11	J.Fisher	b Barker	1	b Barker	0
	Extras	b 6	6	b 3	3
	Total		89		83

1-30 2- 3-55 4- 5- 6- 7- 8- 9- 10-89

1- 2- 3- 4- 5- 6- 7- 8- 9- 10-83

NOTTINGHAM

1	W.Sheraton	b Marsden	0		
2	T.Barker	c Rawlins	4		
3	T.Foster	c Marsden	0		
4	W.Hewitt	st Dearman	12	(3) not out	33
5	G.Jarvis	b Marsden	0	(1) not out	48
6	G.Smith	c Dearman	5		
7	W.Clarke	run out	17		
8	J.Dennis	c Rawlins	0		
9	J.Kettleband	b Marsden	6		
10	W.North	hit wkt	2		
11	H.Crook	not out	12	(2) c Woolhouse	9
	Extras	b 17	17	b 9	9
	Total		75	(1 wicket)	99

1-0 2- 3- 4- 5- 6-53 7- 8- 9- 10-75

1-

Nottingham Bowling

	O	M	R	W	O	M	R	W
Crook				1				
Barker				4				5
Clarke								1
Jarvis								1

Sheffield Bowling

	O	M	R	W	O	M	R	W
Marsden				3				0
Dearman				0				
Rawlins								0

Umpires: Jeffries (Nottingham) and Petty (Sheffield)   Toss: Nottingham
(on 4th day W.Charlton and W.Taylor)

Close of Play: 1st day: Sheffield (1) 89 all out. 2nd day: Nottingham (1) 52-8. 3rd day: Nottingham (2) 10-0 (Jarvis 5*, Crook 5*).

"Marsden's first and second balls were no-balled for throwing by Jeffries. His third bowled Sheraton. 15 or 16 more balls from Marsden were called 'foul' by Jeffries who also no-balled Dearman twice. The Sheffield players then refused to continue and left the field. The Nottingham players then met Mr.Woolhouse at the Ram Inn and he agreed that his team would resume on condition that Marsden's usual strong bowling should not be objected to. Play resumed at 4pm but Marsden was again no-balled by Jeffries despite the previous assurances. In the second innings Rawlins ran a five but was then given out hit the ball twice by Jeffries. The Sheffield reporter insisted the decision was incorrect as he hit the ball a second time accidentally and was not trying to score or prevent a catch being taken. Jeffries again no-balled Marsden at the start of the second innings and the Sheffield team left the ground a second time. On leaving the field they were stoned and abused by the crowd. The Sheffield team were of a mind to return to Sheffield until the Nottingham players agreed that the umpires would be replaced. In fact, three players (Dawson, Smith and Fisher) did leave and were replaced by Davis (from Leicester), Petty (the umpire on the first three days) and Needham" *(Sheffield Independent)*. The *Nottingham Journal* report differs in some respects saying that Sheffield 'yielded the point' about Marsden's bowling.

SUSSEX v KENT

Played at Royal Grounds, Brighton, September 17, 18, 19, 1827.

Sussex won by seven wickets.

KENT (with Saunders and Searle)

1	W.Caldecourt	b J.Broadbridge	5	c Dale	33
2	R.Mills	c Brown	12	c Thwaites	1
3	Rev.C.H.Townsend	b J.Broadbridge	0	b Brown	2
4	W.Searle	c Brown	4	b J.Broadbridge	14
5	J.Saunders	c W.Broadbridge	31	b Brown	23
6	Mr.G.T.Knight	c W.Broadbridge	3	c W.Broadbridge	2
7	Mr.E.Knight	run out	18	c J.Broadbridge	7
8	Mr.P.H.Dyke	b Brown	4	b Brown	6
9	Mr.G.Claridge	b Brown	0	c Brown	2
10	Mr.T.G.Calhoun	st W.Broadbridge	1	c Brown	0
11	T.Duke	not out	0	not out	0
	Extras	b 4, w 6	10	b 4, w 7	11
	Total		88		101

1- 2- 3- 4- 5- 6- 7- 8- 9- 10-88

1-38 2- 3- 4- 5- 6- 7- 8- 9- 10-101

SUSSEX

1	T.Pierpoint	c Townsend	5	(4) not out	1
2	J.Broadbridge	c Searle	11	(5) not out	2
3	J.Dale	run out	5		
4	G.Brown	c Saunders	9		
5	W.Broadbridge	c Saunders	48	(1) c Townsend	30
6	Mr.R.Cheslyn	run out	22		
7	J.Bray	lbw	1	(2) b Searle	10
8	W.Hooker	not out	15	(3) st Saunders	1
9	E.Thwaites	c G.T.Knight	4		
10	F.W.Lillywhite	lbw	5		
11	Mr.B.Aislabie	c G.T.Knight	0		
	Extras	w 16	16	b 1, w 4	5
	Total		141	(3 wickets)	49

1- 2- 3- 4- 5- 6- 7- 8- 9- 10-141

1- 2- 3-

Sussex Bowling

	O	M	R	W	O	M	R	W
J.Broadbridge				2				1
Brown				2				3

Kent Bowling

	O	M	R	W	O	M	R	W
Searle								1

Umpires: W.H.Caldecourt and T.Sewell   Toss:

Close of Play: 1st day: Sussex (1) 69-4 (W.Broadbridge and Cheslyn not out). 2nd day: Kent (2) 101 all out.

The is the first match in which wides are noted separately.

CRICKET MATCHES 1828

CAMBRIDGE UNIVERSITY v CAMBRIDGE TOWN CLUB

Played on Parker's Piece, Cambridge, May 13, 14, 1828.

Cambridge University won by 10 runs.

CAMBRIDGE UNIVERSITY

1	Mr.C.H.Jenner	b Sussums	20	b Sussums	9
2	Mr.H.G.Grazebrook	b Stearn	13	c Austin	0
3	*Mr.E.H.Pickering	b Sussums	3	not out	44
4	Mr.W.Hopkins	run out	2	hit wkt	7
5	Mr.C.Chapman	b Stearn	0	b Sussums	4
6	Mr.H.Dupuis	c Boning	2	b Stearn	5
7	Mr.W.Meyrick	b Stearn	0	b Stearn	15
8	Mr.T.Sanders	run out	24	b Sussums	0
9	Mr.E.Horsman	b Stearn	1	run out	23
10	Mr.N.Wetherell	not out	0	b Stearn	0
11	Mr.H.G.Hand	st Edwards	11	c Boning	12
	Extras	b 8	8	b 4	4
	Total		84		123

1- 2- 3- 4- 5- 6- 7- 8- 9- 10-84

1- 2- 3- 4- 5- 6- 7- 8- 9- 10-123

CAMBRIDGE TOWN CLUB

1	W.Austin	b Pickering	24
2	J.Emmerson	c Meyrick	1
3	T.Stearn	b Wetherell	3
4	J.Boning	b Pickering	8
5	D.B.Edwards	c Pickering	7
6	G.Sussums	b Pickering	1
7	T.Johnson	b Wetherell	3
8	Miller	run out	5
9	O.Eaden	b Pickering	10
10	T.Sell	b Pickering	4
11	Lenton	not out	1
	Extras	b 20	20
	Total		87	110

1- 2- 3- 4- 5- 6- 7- 8- 9- 10-87

1- 2- 3- 4- 5- 6- 7- 8- 9- 10-110

Cambridge Town Club Bowling

	O	M	R	W		O	M	R	W
Sussums				2					3
Stearn				4					3

Cambridge University Bowling

	O	M	R	W		O	M	R	W
Pickering				5					
Wetherell				2					

Umpires: Toss:

Close of Play: 1st day:

Details of the Town Club second innings are not known.

The MCC met on May 19th and amended the laws regarding bowling and wides.

M.C.C. v KENT

Played at Lord's, June 16, 17, 18, 1828.

Kent won by six wickets.

M.C.C.

1	Mr.J.Brand	c Claridge	32	lbw		1
2	J.Burt	b Jenner	0	c R.Mills		0
3	Mr.G.F.Parry	b Jenner	1	st Jenner		41
4	J.Sparks	c Ashby	14	c Dyke		10
5	Mr.T.Nicoll	b Ashby	6	c Jenner		2
6	Mr.H.J.Lloyd	b Jenner	1	b Pillion		0
7	Mr.C.B.Calmady	st Claridge	0	not out		0
8	Mr.E.H.Pickering	c Deedes	5	b R.Mills		12
9	Mr.E.Romilly	c Mills	10	hit wkt		2
10	Maj.Cowell	b Ashby	2	absent		0
11	Hon.F.A.Gordon	not out	2	( ) b Jenner		0
	Extras	b 3	3			
	Total		76			68

1- 2- 3- 4- 5- 6- 7- 8- 9- 10-76
1- 2- 3- 4- 5- 6- 7- 8- 9-68

KENT

1	J.P.Davis	c Lloyd	13	hit wkt		10
2	Mr.H.A.Ommaney	b Sparks	20	not out		24
3	Mr.H.Jenner	b Burt	7	not out		33
4	Garrick	b Burt	0			
5	R.Mills	c Romilly	5	c Sparks		6
6	W.Mills	b Burt	4			
7	Mr.P.H.Dyke	b Sparks	0	( ) c Lloyd		3
8	U.Pillion	not out	12	( ) b Burt		0
9	Mr.J.Deedes	c Nicoll	5			
10	W.Ashby	b Burt	0			
11	Mr.G.Claridge	b Burt	1			
	Extras	b 1, w 1	2			
	Total		69	(4 wickets)		76

1- 2- 3- 4- 5- 6- 7- 8- 9- 10-69
1- 2- 3- 4-

Kent Bowling

	O	M	R	W	O	M	R	W
Jenner				3				1
Ashby				2				
Pillion								1
R.Mills								1

M.C.C. Bowling

	O	M	R	W	O	M	R	W
Sparks				2				
Burt				5				1

Umpires: Toss:

Close of Play: 1st day: 2nd day:

It is not known which Mills took the catch in the first innings.

ENGLAND v THE Bs

Played at Lord's, June 23, 24, 25, 1828.

England won by 160 runs.

ENGLAND

1	F.W.Lillywhite	b Budd	21	c Bayley		12
2	W.Searle	run out	0	b J.Broadbridge		24
3	J.Saunders	b Bayley	22	b J.Broadbridge		59
4	F.Pilch	c Bray	12	c Brown		32
5	Mr.H.Jenner	b Budd	0	b Bayley		10
6	Mr.G.F.Parry	c Burt	25	c Baker		38
7	W.H.Woolhouse	c Baker	0	c Bayley		19
8	Mr.E.H.Pickering	c Bayley	0	b Bayley		3
9	Mr.T.Nicoll	c Budd	0	run out		23
10	Mr.P.H.Dyke	st W.Broadbridge	7	b Bayley		2
11	W.Ashby	not out	1	not out		12
	Extras	w 7	7	b 13, w 12		25
	Total		95			259

1- 2- 3- 4- 5- 6- 7- 8- 9- 10-95

1- 2- 3- 4- 5- 6- 7- 8- 9- 10-259

THE Bs

1	J.Bowyer	b Lillywhite	0	( ) not out		16
2	J.Bray	hit wkt	9	b Jenner		0
3	H.Beagley	b Ashby	5	c Pilch		6
4	J.Broadbridge	not out	27	b Jenner		17
5	T.Beagley	b Pilch	15	b Jenner		25
6	W.Broadbridge	c Parry	19	c Dyke		24
7	G.Brown	b Lillywhite	4	(1) b Jenner		9
8	J.Bayley	b Jenner	0	c Saunders		8
9	J.Baker	b Jenner	0	c Dyke		3
10	J.Burt	lbw	0	run out		2
11	Mr.E.H.Budd	absent injured	0	absent injured		0
	Extras	b 1, w 2	3	b 1, w 1		2
	Total		82			112

1- 2- 3- 4- 5- 6- 7- 8- 9-82

1- 2- 3- 4- 5- 6- 7- 8- 9-112

The Bs Bowling

	O	M	R	W
Budd				2
Bayley				1
J.Broadbridge				

	O	M	R	W
				3
				2

England Bowling

	O	M	R	W
Lillywhite				2
Ashby				1
Pilch				1
Jenner				2

	O	M	R	W
				4

Umpires: Toss:

Close of Play: 1st day: 2nd day: The Bs (2) ?-1.

Budd fell and broke his collar bone when trying to catch a ball. He did not play again in the season. 'Brown was not allowed to bowl in the first innings, his balls being considered unfair.'

ENGLAND v SUSSEX

Played at Lord's, July 7, 8, 1828.

England won by ten wickets.

SUSSEX

1	F.W.Lillywhite	b Mathews	3	st Saunders	4
2	C.Duff	b Ashby	2	st Saunders	4
3	J.Broadbridge	not out	15	c Beagley	6
4	W.Broadbridge	b Mathews	0	b Mathews	19
5	W.Hooker	b Mathews	4	b Howard	9
6	G.Brown	st Saunders	6	b Mathews	7
7	T.Pierpoint	b Mathews	6	b Howard	11
8	W.Slater	b Ashby	4	not out	0
9	E.Thwaites	run out	5	lbw	13
10	C.Lanaway	run out	5	b Ashby	0
11	G.Meads	b Mathews	3	b Howard	1
	Extras	b 1, w 1	2	b 6	6
	Total		55		80

1- 2- 3- 4- 5- 6- 7- 8- 9- 10-55

1- 2- 3- 4- 5- 6- 7- 8- 9- 10-80

ENGLAND

1	W.Mathews	c Hooker	24		
2	W.Searle	b Lanaway	36	not out	4
3	J.Saunders	b Lillywhite	7		
4	T.Beagley	b J.Broadbridge	23	( ) not out	5
5	Mr.W.Ward	b Duff	14		
6	W.H.Caldecourt	b Duff	0		
7	Mr.G.F.Parry	b Lillywhite	0		
8	Mr.H.R.Kingscote	b J.Broadbridge	2		
9	W.Ashby	b J.Broadbridge	0		
10	Mr.H.E.Knatchbull	b Lillywhite	0		
11	T.C.Howard	not out	0		
	Extras	b 13, w 7	20	b 1	1
	Total		126	(no wicket)	10

1- 2- 3- 4- 5- 6- 7- 8- 9- 10-126

England Bowling

	O	M	R	W		O	M	R	W
Mathews				5					2
Ashby				2					1
Howard									3

Sussex Bowling

	O	M	R	W		O	M	R	W
Lanaway				1					
Lillywhite				3					
J.Broadbridge				3					
Duff				2					

Umpires: Toss:

Close of Play: 1st day:

RIGHT-HANDED v LEFT-HANDED

Played at Lord's, July 14, 15, 16, 1828.

Right-Handed won by 226 runs.

RIGHT-HANDED

1	J.Broadbridge	c Slater	0	b Saunders	71
2	W.Mathews	st W.Sleter	22	st W.Slater	7
3	W.Broadbridge	st W.Slater	35	c Wenman	0
4	T.Beagley	b Marsden	20	c Slater	9
5	Mr.W.Ward	c Slater	57	c Mellersh	20
6	W.Hooker	b Pierpoint	11	c Mellersh	4
7	G.Brown	c Searle	18	b Saunders	24
8	F.Pilch	not out	47	b Searle	5
9	Mr.H.R.Kingscote	b Searle	21	c Woolhouse	19
10	F.W.Lillywhite	c Marsden	9	b Searle	0
11	T.C.Howard	b Marsden	3	not out	7
	Extras	b 1, w 4	5	b 3, w 14	17
	Total		248		183

1- 2- 3- 4- 5- 6- 7- 8- 9- 10-248

1- 2- 3- 4- 5- 6- 7- 8- 9- 10-183

LEFT-HANDED

1	S.Maynard	b Lillywhite	3	b J.Broadbridge	0
2	J.Bowyer	c Brown	0	not out	5
3	F.Mellersh	c Brown	5	b Mathews	0
4	G.Wenman	b Howard	7	b Mathews	1
5	W.Searle	c Beagley	33	c Mathews	10
6	T.Marsden	b Lillywhite	10	c Howard	6
7	J.Saunders	hit wkt	27	c Mathews	18
8	W.H.Woolhouse	b J.Broadbridge	13	c Mathews	3
9	T.Pierpoint	b Howard	6	c Mathews	4
10	J.Slater	not out	13	c Howard	0
11	W.Slater	c Ward	12	st Howard	23
	Extras	w 3	3	w 3	3
	Total		132		73

1- 2- 3- 4- 5- 6- 7- 8- 9- 10-132

1- 2- 3- 4- 5- 6- 7- 8- 9- 10-73

Left-Handed Bowling

	O	M	R	W		O	M	R	W
Marsden				2					
Pierpoint				1					
Searle				1					2
Saunders									2

Right-Handed Bowling

	O	M	R	W		O	M	R	W
Lillywhite				2					
Howard				2					
J.Broadbridge				1					1
Mathews									2

Umpires: Toss:

Close of Play: 1st day: 2nd day:

It is not known which Slater took the catches.

SUSSEX v ENGLAND

Played at Royal Grounds, Brighton, July 21, 22, 23, 1828.

England won by 96 runs.

ENGLAND

1	W.Mathews	st Slater	5	c W.Broadbridge	5
2	W.Searle	b J.Broadbridge	3	st W.Broadbridge	44
3	F.Pilch	c Brown	7	b Lillywhite	0
4	T.Marsden	b Lillywhite	20	b J.Broadbridge	27
5	T.Beagley	b J.Broadbridge	8	b J.Broadbridge	21
6	J.Saunders	not out	33	b Lanaway	30
7	Mr.H.R.Kingscote	b J.Broadbridge	10	b J.Broadbridge	1
8	W.H.Caldecourt	lbw	11	b Lillywhite	6
9	Mr.G.F.Parry	st Slater	3	st W.Broadbridge	7
10	T.C.Howard	c Hooker	1	b J.Broadbridge	5
11	W.Ashby	c Hooker	1	not out	2
	Extras	b 1, w 8	9	b 2, w 7	9
	Total		111		157

1- 2- 3- 4- 5- 6- 7- 8- 9- 10-111
1- 2- 3- 4- 5- 6- 7- 8- 9- 10-157

SUSSEX

1	W.Slater	b Ashby	8	b Ashby	0
2	W.Broadbridge	c Caldecourt	8	b Ashby	5
3	W.Hooker	b Marsden	20	not out	10
4	J.Broadbridge	not out	20	lbw	0
5	H.Morley	c Mathews	1	c Mathews	7
6	G.Brown	b Ashby	0	b Howard	51
7	E.Thwaites	c Marsden	2	b Ashby	11
8	J.B.Baker	lbw	0	c Mathews	2
9	F.W.Lillywhite	b Pilch	1	run out	2
10	C.Lanaway	b Pilch	0	c Howard	6
11	C.Duff	c Mathews	4	c Mathews	3
	Extras	b 1, w 6	7	b 1, w 3	4
	Total		71		101

1- 2- 3- 4- 5- 6- 7- 8- 9- 10-71
1- 2- 3- 4- 5- 6- 7- 8- 9- 10-101

Sussex Bowling

	O	M	R	W	O	M	R	W
J.Broadbridge				3				4
Lillywhite				1				2
Lanaway								1

England Bowling

	O	M	R	W	O	M	R	W
Ashby				2				3
Marsden				1				
Pilch				2				
Howard								1

Umpires: Toss:

Close of Play: 1st day: 2nd day: England (2) 48-3.

ENGLAND v HAMPSHIRE (Twelve-a-side)

Played at Lord's, August 4, 5, 1828.

Hampshire won by eight wickets.

ENGLAND

1	W.Searle	b Howard	21	c Howard		5
2	F.W.Lillywhite	b Howard	19	st Davidson		0
3	J.Broadridge	b Mathews	3	c Greenwood		16
4	J.Saunders	st Davidson	0	lbw		2
5	Mr.W.Hopkins	c Deedes	1	b Matthews		0
6	Mr.G.F.Parry	b Howard	4	not out		26
7	Mr.E.Romilly	b Howard	13	c Greenwood		6
8	Mr.H.Wodehouse	c Greenwood	0	b Howard		1
9	Mr.C.Romilly	b Howard	0	b Howard		0
10	Lord Graham	c Mathews	0	c Deedes		2
11	Mr.H.J.Lloyd	c Brown	0	lbw		0
12	Mr.B.Aislabie	not out	0	b Mathews		1
	Extras			b 2		2
	Total		61			61

1- 2- 3- 4- 5- 6- 7- 8- 9- 10- 11-61

1- 2- 3- 4- 5- 6- 7- 8- 9- 10- 11-61

HAMPSHIRE

1	W.Mathews	b Broadridge	1	c Searle		2
2	G.Brown	b Broadridge	15	b Broadridge		6
3	T.Beagley	c C.Romilly	4	not out		2
4	Mr.W.Ward	b Broadridge	42			
5	Mr.H.R.Kingscote	b Lillywhite	6	not out		1
6	T.C.Howard	c Lillywhite	3			
7	Mr.G.Claridge	b Lillywhite	2			
8	Mr.Lowe	c E.Romilly	0			
9	Mr.F.Nicholas	c Saunders	15			
10	Capt.J.Davidson	c Broadridge	16			
11	Capt.W.Greenwood	c C.Romilly	1			
12	Mr.J.Deedes	not out	1	( ) b Lillywhite		0
	Extras	b 5	5	b 1		1
	Total		111	(3 wickets)		12

1- 2- 3- 4- 5- 6- 7- 8- 9- 10- 11-111

1- 2- 3-

Hampshire Bowling

	O	M	R	W	O	M	R	W
Howard				5				2
Mathews				1				2

England Bowling

	O	M	R	W	O	M	R	W
Broadridge				3				1
Lillywhite				2				1

Umpires:　　　　　　　　　　　　Toss:

Close of Play: 1st day:

KENT v SUSSEX

Played on The Vine, Sevenoaks, August 18, 19, 1828.

Kent won by 35 runs.

KENT (with Searle)

1	G.Mills	hit wkt	3	c Brown		0
2	E.G.Wenman	b Broadbridge	1	c Goad		1
3	Mr.E.Knight	b Lillywhite	3	b Broadbridge		18
4	Mr.E.Sivewright	c Brown	2	b Broadbridge		12
5	Mr.G.T.Knight	c Lillywhite	1	c Broadbridge		0
6	Mr.G.Claridge	b Lillywhite	10	c J.Slater		11
7	W.Searle	b Broadbridge	0	b Lillywhite		3
8	T.Duke	c J.Slater	3	c J.Slater		2
9	Mr.C.A.Rocke	b Lillywhite	3	not out		1
10	Mr.J.Deedes	not out	7	b Lillywhite		0
11	W.Ashby	b Lillywhite	1	c J.Slater		0
	Extras	b 1, w 2	3	b 4, w 1		5
	Total		37			53

1- 2- 3- 4- 5- 6- 7- 8- 9- 10-37

1- 2- 3- 4- 5- 6- 7- 8- 9- 10-53

SUSSEX

1	W.Slater	b Wenman	4	c Deedes		0
2	T.Box	b Wenman	1	b Ashby		0
3	F.W.Lillywhite	c Searle	0	c Searle		0
4	J.Broadbridge	run out	20	run out		14
5	J.Slater	b Ashby	0	c Mills		0
6	H.Morley	b Wenman	0	lbw		3
7	T.Pierpoint	c Deedes	0	c Claridge		1
8	G.Brown	b Wenman	8	b Wenman		1
9	G.Goad	c Claridge	0	st Wenman		0
10	W.Pickett	not out	0	b Wenman		0
11	G.Murrell	b Ashby	0	not out		0
	Extras	b 2	2	b 2, w 1		3
	Total		35			22

1- 2- 3- 4- 5- 6- 7- 8- 9- 10-35

1- 2- 3- 4- 5- 6- 7- 8- 9- 10-22

Sussex Bowling

	O	M	R	W	O	M	R	W
Broadbridge				2				2
Lillywhite				4				2

Kent Bowling

	O	M	R	W	O	M	R	W
Wenman				4				2
Ashby				2				1

Umpires: Toss:

Close of Play: 1st day:

SUSSEX v KENT

Played at Royal Grounds, Brighton, August 25, 26, 1828.

Match drawn.

SUSSEX

1	W.Slater	run out	13	c E.G.Wenman		3
2	F.W.Lillywhite	c E.G.Wenman	6	c G.Mills		9
3	J.Broadbridge	b G.Mills	33	st E.G.Wenman		9
4	T.Pierpoint	st E.G.Wenman	1	b Ashby		4
5	Capt.G.Lister-Kaye	st E.G.Wenman	2	b Ashby		3
6	Capt.J.C.Wallington	b G.Mills	11	run out		5
7	G.Brown	c C.Wenman	0	retired hurt		42
8	J.Preston	not out	29	b Ashby		17
9	H.Morley	c Claridge	2	c G.Mills		1
10	Mr.H.P.Tamplin	b Duke	6	not out		1
11	Capt.Price	b Ashby	2	c Ashby		0
	Extras	b 7, w 6	13	b 3, w 5		8
	Total		118			102

1- 2- 3- 4- 5- 6- 7- 8- 9- 10-118

1- 2- 3- 4- 5- 6- 7- 8- 9-102

KENT

1	E.G.Wenman	b Broadbridge	1	b Lillywhite		10
2	T.Duke	b Broadbridge	1	st Slater		4
3	R.Mills	c Slater	9	run out		8
4	Mr.C.A.Rocke	run out	0	run out		5
5	W.Ashby	b Lillywhite	2	not out		2
6	Mr.J.Deedes	c Wallington	3	not out		29
7	C.Wenman	b Lillywhite	3			
8	G.Wenman	st Slater	2	c Slater		10
9	G.Mills	not out	0	c Slater		16
10	Mr.G.T.Knight	b Broadbridge	0	hit wkt		5
11	Mr.G.Claridge	b Broadbridge	0	( ) c Lister-Kaye		2
	Extras	b 1, w 1	2	b 2, w 3		5
	Total		23	(8 wickets)		96

1- 2- 3- 4- 5- 6- 7- 8- 9- 10-23

1- 2- 3- 4- 5- 6- 7- 8-

Kent Bowling

	O	M	R	W		O	M	R	W
G.Mills				2					
Duke				1					
Ashby				1					3

Sussex Bowling

	O	M	R	W		O	M	R	W
Broadbridge				4					
Lillywhite				2					1

Umpires: Toss:

Close of Play: 1st day:

The Brighton paper reported 'Kent with 2 wickets to go down had no chance of winning so the match was given up', but the game has been recorded as 'unfinished' in *Scores and Biographies* and *Kent Cricket Matches*.

NOTTINGHAM v SHEFFIELD

Played on the Forest Ground, Nottingham, September 1, 2, 3, 1828.

Sheffield won by 160 runs.

SHEFFIELD

1	G.Rawlins	c Clarke	12	b Clarke		7
2	W.Barber	run out	0	(10) b Clarke		11
3	T.Marsden	c Vincent	32	(5) c Hewitt		125
4	H.Hall	b Clarke	4	(3) b Barker		10
5	W.H.Woolhouse	lbw	11	(4) b Clarke		2
6	J.Dearman	c North	1	(7) c Heath		0
7	J.Wright	c Vincent	16	(8) run out		2
8	C.Dearman	c Clarke	12	(6) b Clarke		20
9	G.Skinner	not out	14	(2) b Clarke		15
10	W.Wilson	b Barker	3	(9) b Barker		2
11	W.Taylor	b Clarke	0	not out		17
	Extras	b 4, w 4	8	b 1, w 8		9
	Total		113			220

1- 2- 3- 4- 5- 6- 7- 8- 9- 10-113

1-22 2- 3- 4- 5- 6- 7- 8- 9- 10-220

NOTTINGHAM

1	T.Barker	b Marsden	1	(11) not out		1
2	W.Sheraton	b Rawlins	1	(10) st J.Dearman		0
3	G.Jarvis	b Marsden	22	(5) c Rawlins		6
4	W.Hewitt	b Marsden	0	(3) b Marsden		0
5	E.Vincent	st J.Dearman	2	(2) run out		4
6	H.Crook	b Marsden	14	(4) run out		0
7	W.North	b Rawlins	27	(6) c Hall		1
8	J.Kettleband	b Marsden	0	b Marsden		0
9	T.Foster	c Rawlins	4	b Rawlins		2
10	W.Clarke	b Rawlins	10	(1) c Dearman		31
11	T.Heath	not out	2	(7) c Rawlins		21
	Extras	b 15, w 4	19	w 5		5
	Total		102			71

1- 2- 3- 4- 5- 6- 7- 8- 9- 10-102

1- 2- 3- 4- 5- 6- 7- 8- 9- 10-71

Nottingham Bowling

	O	M	R	W	O	M	R	W
Clarke				3				5
Barker								2

Sheffield Bowling

	O	M	R	W	O	M	R	W
Marsden				5				2
Rawlins				3				1

Umpires: W.Charlton (Nottingham) and T.Warsop (Sheffield) Toss:
(W.Taylor replaced Warsop after the first day)

Close of Play: 1st day: Sheffield (1) 113 all out. 2nd day: Sheffield (2) 96-4 (Marsden 40*, C.Dearman 17*).

It is not known which Dearman took the catch.

YORKSHIRE, LEICESTERSHIRE AND NOTTINGHAMSHIRE v ENGLAND

Played at Darnall, September 8, 9, 10, 1828.

England won by 242 runs.

ENGLAND

1	F.W.Lillywhite	lbw	4	(11) b Shelton	0
2	W.Mathews	b Marsden	4	(8) st Vincent	0
3	J.Broadbridge	b Marsden	4	lbw	3
4	W.Hooker	c Vincent	11	(2) run out	0
5	J.Saunders	b Marsden	8	(6) c Barker	47
6	F.Pilch	c Shelton	49	(5) c Shelton	56
7	T.Beagley	b Barker	39	(7) st Vincent	0
8	*Mr.G.F.Parry	b Clarke	13	(9) not out	3
9	W.H.Caldecourt	c Rawlins	20	(1) lbw	28
10	J.H.Dark	c Rawlins	12	(4) b Marsden	5
11	T.C.Howard	not out	0	(10) c Woolhouse	2
	Extras	b 8, w 6	14	b 5, w 7	12
	Total		178		156

1- 2- 3-25 4-45 5- 6-126 7-126 8- 9- 10-178

1- 2- 3-33 4- 5- 6- 7- 8- 9-151 10-156

YORKSHIRE, LEICESTERSHIRE AND NOTTINGHAMSHIRE

1	G.Rawlins	c Broadbridge b Lillywhite	0	( ) st Saunders b Lillywhite	9
2	C.Dearman	b Broadbridge	13	( ) st Saunders b Broadbridge	2
3	H.Hall	lbw b Lillywhite	8	( ) c Hooker b Lillywhite	0
4	W.Shelton	c Saunders b Lillywhite	7	c Pilch b Pillywhite	3
5	G.Jarvis	c Lillywhite b Broadbridge	0	run out	7
6	T.Marsden	c Dark b Broadbridge	4	(3) c Dark b Broadbridge	2
7	W.Gamble	b Broadbridge	7	c Dark b Lillywhite	0
8	W.H.Woolhouse	c Howard b Lillywhite	6	(1) b Broadbridge	4
9	W.Clarke	c Broadbridge b Lillywhite	6	b Lillywhite	2
10	E.Vincent	not out	2	(2) b Lillywhite	1
11	T.Barker	st Saunders b Lillywhite	1	not out	1
	Extras	b 5, w 1	6	w 1	1
	Total		60		32

1- 2- 3- 4- 5- 6- 7- 8- 9- 10-60

1- 2- 3- 4- 5- 6- 7- 8- 9- 10-32

Yorkshire, Leicestershire and Nottinghamshire Bowling

	O	M	R	W	O	M	R	W
Marsden				3				1
Barker				1				
Clarke				1				
Shelton								1

England Bowling

	O	M	R	W	O	M	R	W
Lillywhite				6				6
Broadbridge				4				3

Umpires: B.Dark and Gould   Toss:

Close of Play: 1st day: Yorkshire, Leicestershire and Nottinghamshire (1) 21-2 (Hall and Shelton not out). 2nd day: England (2) 146-6 (Saunders 42*, Mathews 0*).

SURREY v KENT

Played at Godalming, September 16, 17, 1828.

Kent won by an innings and 42 runs.

SURREY

1	W.Mathews	b Broadbridge	6	b Broadbridge		0
2	T.Flavel	c Wenman	1	st Claridge		4
3	W.Searle	c Mills	4	b Broadbridge		24
4	J.Saunders	b Broadbridge	28	b Broadbridge		2
5	Mr.W.Keen	b Wenman	0	b Broadbridge		3
6	C.Woods	st Wenman	3	hit wkt		13
7	Mr.G.Richards	lbw	0	st Wenman		5
8	Oliver	not out	5	not out		1
9	Mr.J.Roker	lbw	0	c Caldecourt		1
10	Mr.E.Sivewright	b Caldecourt	4	absent		0
11	B.Caesar	run out	0	( ) lbw		0
	Extras	b 2	2	b 4		4
	Total		53			57

1- 2- 3- 4- 5- 6- 7- 8- 9- 10-53

1- 2- 3- 4- 5- 6- 7- 8- 9-57

KENT (with Broadbridge)

1	R.Mills	b Mathews	0
2	E.G.Wenman	b Richards	13
3	J.Broadbridge	run out	12
4	W.H.Caldecourt	b Oliver	2
5	Mr.Knight	b Richards	29
6	Mr.P.H.Dyke	c Saunders	7
7	Mr.G.Claridge	b Mathews	9
8	Wood	b Searle	18
9	Caesar	b Mathews	47
10	Green	b Richards	0
11	C.Gardiner	not out	7
	Extras	b 8	8
	Total		152

1- 2- 3- 4- 5- 6- 7- 8- 9- 10-152

Kent Bowling

	O	M	R	W		O	M	R	W
Broadbridge				2					4
Wenman				1					
Caldecourt				1					

Surrey Bowling

	O	M	R	W
Mathews				3
Richards				3
Oliver				1
Searle				1

Umpires: Toss:

Close of play: 1st day:

It is not known which Knight played, Edward or G.T.

SHEFFIELD v NOTTINGHAM

Played at Darnall, September 22, 23, 24, 1828.

Sheffield won by seven wickets.

NOTTINGHAM

1	W.Clarke	c Woolhouse	15	st J.Dearman	3
2	T.Heath	c Southern	10	c Woolhouse	18
3	E.Vincent	st J.Dearman	22	c C.Dearman	0
4	G.Jarvis	c Wilson	0	c Smith	27
5	W.Hewitt	st J.Dearman	0	c C.Dearman	4
6	W.North	b Marsden	9	c Skinner	0
7	W.Upton	b Marsden	1	c Smith	0
8	J.Dennis	c Woolhouse	10	b Rawlins	3
9	H.Crook	b Rawlins	8	c Smith	2
10	T.Barker	not out	11	b Rawlins	7
11	R.Gibson	b Marsden	3	not out	0
	Extras	w 10	10	b 2, w 17	19
	Total		99		83

1-27 2- 3- 4-39 5-56 6- 7-72 8-86 9- 10-99

1- 2-10 3- 4- 5-55 6- 7- 8- 9- 10-83

SHEFFIELD

1	W.H.Woolhouse	b Clarke	16	not out	38
2	G.Rawlins	c Clarke	0		
3	H.Hall	c Jarvis	10	(5) not out	0
4	H.Southern	c Heath	11	(2) b Barker	3
5	T.Marsden	c Hewitt	31	b Jarvis	32
6	G.Smith	b Clarke	9	( ) b Jarvis	8
7	C.Dearman	c Jarvis	3		
8	G.Skinner	b Clarke	0		
9	J.Wright	c Crook	0		
10	J.Dearman	not out	10		
11	W.Wilson	b Barker	5		
	Extras	w 1	1	b 2, w 5	7
	Total		96	(3 wickets)	88

1- 2- 3- 4- 5- 6- 7- 8- 9- 10-96

1- 2- 3-

Sheffield Bowling

	O	M	R	W
Marsden				3
Rawlins				1

	O	M	R	W
				2

Nottingham Bowling

	O	M	R	W
Clarke				3
Barker				1
Jarvis				

	O	M	R	W
				1
				2

Umpires: Toss:

Close of play: 1st day: 2nd day:

KENT v SURREY

Played on The Vine, Sevenoaks, September 25, 26, 1828.

Kent won by 154 runs.

KENT (with Broadbridge)
1	R.Mills	c Saunders	25	run out		8
2	E.G.Wenman	c Kingscote	73	c Martingell		4
3	J.Broadbridge	c Gardiner	44	run out		2
4	W.H.Caldecourt	b Searle	9	b Searle		2
5	W.H.Walton	c Saunders	6	b Mathews		13
6	Mr.P.H.Dyke	c Richards	11	b Mathews		24
7	Mr.G.T.Knight	b Mathews	2	c Mathews		1
8	Mr.H.Norman	c Searle	1	st Flavel		16
9	Mr.G.Claridge	c Kingscote	2	b Wells		1
10	T.Turney	c Mathews	0	hit wkt		7
11	Reid	not out	1	not out		1
	Extras	b 3	3	b 1, w 4		5
	Total		177			84

1- 2- 3- 4- 5- 6- 7- 8- 9- 10-177

1- 2- 3- 4- 5- 6- 7- 8- 9- 10-84

SURREY
1	T.Flavel	c Wenman	5	not out		3
2	Mr.W.Keen	c Wenman	0	b Broadbridge		0
3	F.Wells	st Wenman	5	c Broadbridge		4
4	W.Searle	c Mills	22	b Broadbridge		0
5	Mr.H.R.Kingscote	c Turney	10	b Broadbridge		32
6	G.Richards	c Dyke	9	b Broadbridge		0
7	J.Saunders	b Wenman	4	run out		0
8	C.Woods	st Wenman	3	hit wkt		0
9	W.Mathews	b Broadbridge	5	st Wenman		2
10	R.Martingell	not out	0	st Wenman		0
11	J.Gardiner	b Broadbridge	0	b Broadbridge		0
	Extras	w 3	3			
	Total		66			41

1- 2- 3- 4- 5- 6- 7- 8- 9- 10-66

1- 2- 3- 4- 5- 6- 7- 8- 9- 10-41

Surrey Bowling

	O	M	R	W		O	M	R	W
Searle				1					1
Mathews				1					2
Wells									1

Kent Bowling

	O	M	R	W		O	M	R	W
Wenman				1					
Broadbridge				2					5

Umpires:

Toss:

Close of play: 1st day:

CRICKET MATCHES 1829

CAMBRIDGE UNIVERSITY v CAMBRIDGE TOWN CLUB

Played on Parker's Piece, Cambridge, May 28, 29, 1829.

Cambridge University won by 3 runs.

CAMBRIDGE UNIVERSITY

1	*Mr.E.H.Pickering	b Edwards	0	not out		72
2	Mr.C.H.Jenner	c Stearn	18	b Boning		24
3	Mr.H.G.Hand	b Fenner	9	b Sussums		3
4	Mr.H.G.Grazebrook	c Boning	10	b Boning		0
5	Mr.C.Chapman	b Edwards	2	c Boning		51
6	Mr.H.Dupuis	not out	4	b Stearn		60
7	Mr.F.A.Gordon	c Johnson	12	b Sussums		7
8	Mr.N.Wetherell	b Sussums	2	b Boning		2
9	Mr.S.Winthrop	c Fenner	15	c Davies		11
10	Mr.E.St.John	b Sussums	1	b Boning		10
11	Mr.H.Arkwright	b Sussums	0	b Boning		1
	Extras	b 4	4	b 11		11
	Total		77			252

1- 2- 3- 4- 5- 6- 7- 8- 9- 10-77

1- 2- 3- 4- 5- 6- 7- 8- 9- 10-252

CAMBRIDGE TOWN CLUB

1	J.Boning	run out	6	b Pickering		65
2	G.Sussums	not out	18	c Chapman		37
3	T.Stearn	b Pickering	2	b Pickering		0
4	D.B.Edwards	lbw	3	c Gordon		2
5	J.Davies	b Gordon	25	run out		12
6	J.Scott	b Jenner	12	b Gordon		5
7	T.Johnson	b Jenner	18	lbw		5
8	A.Redhead	b Jenner	8	b Pickering		3
9	W.Emmerson	b Pickering	21	not out		23
10	F.P.Fenner	run out	1	b Pickering		3
11	T.Sell	b Pickering	8	not out		10
	Extras	b 14, w 4	18	b 11, w 10		21
	Total		140			186

1- 2- 3- 4- 5- 6- 7- 8- 9- 10-140

1- 2- 3- 4- 5- 6- 7- 8- 9- 10-186

Cambridge Town Club Bowling

	O	M	R	W		O	M	R	W
Edwards				2					
Fenner				1					
Sussums				3					2
Boning									5
Stearn									1

Cambridge University Bowling

	O	M	R	W		O	M	R	W
Pickering				3					4
Gordon				1					1
Jenner				3					

Umpires:

Toss: Sussex

Close of play: 1st day:

It is presumed that Sussums did not carry his bat. Two batsmen are shown as not out in the Cambridge Town Club second innings - presumably one of these should be run out.

MARRIED v SINGLE

Played at Lord's, June 1, 2, 1829.

Married won by 27 runs.

MARRIED

1	Mr.T.Vigne	b Jenner	0	b Jenner	0
2	F.W.Lillywhite	c Pilch	7	b Jenner	0
3	W.Mathews	c Barnard	0	b Broadbridge	33
4	Mr.W.Ward	b Broadbridge	41	b Broadbridge	14
5	W.Searle	b Broadbridge	48	b Broadbridge	6
6	Mr.E.H.Pickering	b Jenner	6	c Lloyd	9
7	Mr.J.Jardine	c Barnett	30	b Broadbridge	14
8	Mr.G.Caldwell	b Jenner	6	b Jenner	0
9	Hon.Col.H.C.Lowther	b Broadbridge	3	b Jenner	1
10	Lord Strathavon	not out	2	b Jenner	6
11	Sir.T.Ormsby	c Barnard	0	not out	6
	Extras	b 6, w 4	10	b 2, w 2	4
	Total		153		93

1- 2- 3- 4- 5- 6- 7- 8- 9- 10-153

1- 2- 3- 4- 5- 6- 7- 8- 9- 10-93

SINGLE

1	F.Pilch	b Mathews	6	c Vigne	11
2	Mr.Wright	c Mathews	4	not out	5
3	J.Broadbridge	st Vigne	15	b Lillywhite	25
4	J.Saunders	b Lillywhite	10	c Pickering	2
5	Mr.H.Jenner	st Vigne	75	b Mathews	0
6	Mr.J.Barnard	c Strathavon	4	b Mathews	1
7	Mr.G.F.Parry	not out	7	b Lillywhite	7
8	Mr.J.Deedes	b Mathews	20	c Pickering	2
9	Mr.C.J.Barnett	c Vigne	0	lbw	3
10	Mr.H.J.Lloyd	not out	7	st Vigne	5
11	Capt.McKinnon	b Lillywhite	5	lbw	0
	Extras	b 3	3	b 2	2
	Total		156		63

1- 2- 3- 4- 5- 6- 7- 8- 9- 10-156

1- 2- 3- 4- 5- 6- 7- 8- 9- 10-63

Single Bowling

	O	M	R	W	O	M	R	W
Jenner				3				5
Broadbridge				3				4

Married Bowling

	O	M	R	W	O	M	R	W
Mathews				2				2
Lillywhite				2				2

Umpires:

Toss:

Close of Play: 1st day:

Described in *Bell's Life* as 8 Married Members of MCC plus 3 Players against 8 Unmarried Members of MCC plus 3 Unmarried Players. Two batsmen are shown as not out in the Single first innings - presumably one of them was run out.

OXFORD UNIVERSITY v CAMBRIDGE UNIVERSITY

Played on Magdalen Ground, Oxford, June 5, 6, 1829.

Oxford Univeristy won by 115 runs.

OXFORD UNIVERSITY

1	Mr.H.E.Knatchbull	b Jenner	7	c Hardy	36
2	Mr.W.M.C.Musters	st Jenner	29	c Ellis	25
3	Mr.R.Price	b Pickering	4	b Gordon	2
4	Mr.F.L.Popham	c Horsman	22	st Jenner	6
5	Mr.F.B.Wright	c Meryweather	5	st Jenner	27
6	*Mr.C.Wordsworth	b Jenner	0	b Meryweather	0
7	Mr.C.H.Bayly	b Jenner	0	b Gordon	12
8	Mr.J.C.Robertson	b Jenner	0	not out	10
9	Mr.H.Denison	c Grazebrook	16	b Pickering	18
10	Mr.J.W.Bird	b Pickering	18	b Meryweather	3
11	Mr.J.Cooke	not out	10	c St.John	0
	Extras		18		19
	Total		129		158

1- 2- 3- 4- 5- 6- 7- 8- 9- 10-129

1- 2- 3- 4- 5- 6- 7- 8- 9- 10-158

CAMBRIDGE UNIVERSITY

1	Mr.C.H.Jenner	c Price	2	c Wordsworth	12
2	Mr.S.Winthrop	b Price	24	b Price	1
3	Mr.H.G.Grazebrook	c Wordsworth	0	b Price	24
4	*Mr.E.H.Pickering	run out	2	b Price	14
5	Mr.E.Sivewright	c Knatchbull	16	c Bird	13
6	Mr.F.A.Gordon	run out	7	run out	1
7	Mr.E.Horsman	c Wright	1	not out	0
8	Mr.E.C.Ellis	b Wordsworth	0	b Price	0
9	Mr.W.S.T.M.Meryweather	not out	20	b Wordsworth	0
10	Mr.E.St.John	b Price	9	c Knatchbull	0
11	Mr.J.R.Hardy	b Price	8	run out	9
	Extras		7		2
	Total		96		76

1- 2- 3- 4- 5- 6- 7- 8- 9- 10-96

1- 2- 3- 4- 5- 6- 7- 8- 9- 10-76

Cambridge University Bowling

	O	M	R	W		O	M	R	W
Jennner				4					
Pickering				2					1
Gordon									2
Meryweather									2

Oxford University Bowling

	O	M	R	W		O	M	R	W
Price				3					4
Wordsworth				1					1

Umpires:

Toss:

Close of play: 1st day:

GENTLEMEN v PLAYERS

Played at Lord's, June 22, 23, 24, 1829.

Gentlemen won by 193 runs.

GENTLEMEN (with Lillywhite and Broadbridge)

1	Mr.J.Deedes	b Mathews	0	b Marsden	8
2	F.W.Lillywhite	hit wkt	0	not out	0
3	J.Broadbridge	b Ashby	33	c Pilch	10
4	Mr.H.R.Kingscote	b Mathews	7	b Mathews	7
5	Mr.W.Ward	b Ashby	17	c Pilch	13
6	Mr.E.H.Budd	b Ashby	25	b Wenman	43
7	Mr.H.Jenner	b Ashby	10	b Wenman	11
8	Mr.W.Potter	b Howard	7	b Wenman	0
9	Mr.J.Barnard	b Ashby	1	b Mathews	0
10	Mr.T.Vigne	b Howard	1	b Ashby	4
11	Mr.G.F.Parry	not out	5	hit wkt	11
12	Mr.H.E.Knatchbull	c Mathews	7	st Howard	25
	Extras	b 2, w 5	7	w 2	2
	Total		120		134

1- 2- 3- 4- 5- 6- 7- 8- 9- 10- 11-120

1- 2- 3- 4- 5- 6- 7- 8- 9- 10- 11-134

PLAYERS

1	W.Mathews	b Lillywhite	0	b Lillywhite	2
2	W.Hooker	b Lillywhite	0	b Broadbridge	0
3	J.Saunders	c Kingscote b Lillywhite	0	run out	0
4	W.Searle	not out	16	b Lillywhite	3
5	T.Beagley	c Jenner b Lillywhite	0	st Jenner b Lillywhite	2
6	T.Marsden	c Jenner b Broadbridge	0	b Lillywhite	7
7	F.Pilch	b Broadbridge	0	b Broadbridge	0
8	E.G.Wenman	b Lillywhite	3	c Jenner b Lillywhite	4
9	W.H.Caldecourt	b Lillywhite	4	not out	12
10	T.C.Howard	b Lillwihte	0	c Barnard b Broadbridge	0
11	W.Ashby	b Lillywhite	0	b Lillywhite	6
	Extras	w 1	1	b 1	1
	Total		24		37

1- 2- 3- 4- 5- 6- 7- 8- 9- 10-24

1- 2- 3- 4- 5- 6- 7- 8- 9- 10-37

Players Bowling

	O	M	R	W		O	M	R	W
Mathews				2					2
Ashby				5					1
Howard				2					
Marsden									1
Wenman									3

Gentlemen Bowling

	O	M	R	W		O	M	R	W
Lillywhite				8					6
Broadbridge				2					3

Umpires: J.H.Dark and B.Dark   Toss:

Close of play: 1st day: 2nd day:

'Pilch was so debilitated as to be obliged to have a man run for him.'

SUSSEX v KENT

Played at Royal Grounds, Brighton, June 29, 30, 1829.

Sussex won by two wickets.

KENT (with Searle)
1	R.Mills	c Lillywhite	1	c Slater	0
2	E.G.Wenman	c Kelsey	1	b Broadbridge	3
3	W.Searle	c Morley	48	b Broadbridge	9
4	G.Mills	c Broadbridge	19	run out	7
5	G.Wenman	not out	19	c Slater	0
6	C.H.Templeton	b Broadbridge	0	b Lanaway	2
7	Mr.G.Claridge	b Lillywhite	5	b Lanaway	2
8	Wood	b Lillywhite	0	b Lanaway	17
9	Purcell	b Broadbridge	2	c Slater	0
10	Harding	b Broadbridge	0	not out	0
11	W.Ashby	b Broadbridge	0	c Slater	0
	Extras	w 1	1	w 4	4
	Total		96		44

1- 2- 3- 4- 5- 6- 7- 8- 9- 10-96

1- 2- 3- 4- 5- 6- 7- 8- 9- 10-44

SUSSEX
1	F.W.Lillywhite	c Searle	7	not out	9
2	W.Slater	b Ashby	4		
3	P.Vallance	c Ashby	2	c G.Wenman	9
4	C.Lanaway	b G.Mills	0	run out	15
5	G.Brown	b Ashby	3	run out	5
6	J.Broadbridge	hit wkt	46	run out	4
7	G.Meads	c G.Wenman	2	c R.Mills	3
8	Kelsey	run out	0	st E.G.Wenman	7
9	H.Ayres	c E.G.Wenman	0	not out	0
10	H.Morley	b E.G.Wenman	1	c E.G.Wenman	11
11	M.Botting	not out	9	c Claridge	2
	Extras	b 3	3	w 1	1
	Total		77	(8 wickets)	66

1- 2- 3- 4- 5- 6- 7- 8- 9- 10-77

1- 2- 3- 4- 5- 6- 7- 8-

Sussex Bowling
	O	M	R	W		O	M	R	W
Broadbridge				4					2
Lillywhite				2					
Lanaway									3

Kent Bowling
	O	M	R	W		O	M	R	W
Ashby				2					
G.Mills				1					
E.G.Wenman				1					

Umpires: Toss:

Close of Play: 1st day:

ENGLAND v SURREY

Played at Lord's, July 6, 7, 8, 1829.

Surrey won by 83 runs.

SURREY (with Lillywhite and Broadbridge)

1	W.Lillywhite	c Marsden	10	c Brown		19
2	T.Paley	c Brown	2	c Lanaway		9
3	J.Broadbridge	st Burt	44	b Burt		16
4	W.Searle	st Budd	10	b Burt		9
5	J.Saunders	hit wkt	9	b Burt		8
6	Mr.W.Potter	b Lanaway	31	not out		7
7	Mr.W.Keen	c Budd	8	b Lanaway		27
8	Mr.G.F.Parry	b Burt	0	absent		0
9	Mr.H.R.Kingscote	b Ashby	17	b Ashby		0
10	W.Mathews	b Ashby	2	c Marsden		1
11	J.Sparks	not out	1	( ) run out		0
	Extras			w 2		2
	Total		134			98

1- 2- 3- 4- 5- 6- 7- 8- 9- 10-134
1- 2- 3- 4- 5- 6- 7- 8- 9-98

ENGLAND

1	Mr.H.E.Knatchbull	b Lillywhite	0	b Lillywhite		2
2	G.Brown	b Lillywhite	18	b Broadbridge		42
3	Mr.E.H.Budd	b Lillywhite	11	b Lillywhite		1
4	Mr.W.Ward	c Searle	2	not out		0
5	T.Marsden	run out	0	b Broadbridge		11
6	C.Lanaway	lbw	10	c Parry		5
7	T.Beagley	b Lillywhite	12	b Lillywhite		7
8	Mr.C.J.Barnett	b Mathews	1	run out		1
9	Mr.J.Deedes	c Saunders	0	b Broadbridge		18
10	J.Burt	b Lillywhite	0	b Lillywhite		1
11	W.Ashby	not out	1	b Lillywhite		0
	Extras	w 3	3	w 3		3
	Total		58			91

1- 2- 3- 4- 5- 6- 7- 8- 9- 10-58
1- 2- 3- 4- 5- 6- 7- 8- 9- 10-91

England Bowling

	O	M	R	W	O	M	R	W
Lanaway				1				1
Burt				1				3
Ashby				2				1

Surrey Bowling

	O	M	R	W	O	M	R	W
Lillywhite				5				5
Mathews				1				3
Broadbridge								

Umpires: Toss:

Close of Play: 1st day: 2nd day: no play due to rain.

ENGLAND v SUSSEX

Played at Lord's, July 13, 14, 15, 1829.

England won by 159 runs.

ENGLAND

1	G.Freemantle	b Lillywhite	0	(8) b Lillywhite		24
2	Mr.H.R.Kingscote	b Lillywhite	1	b J.Broadbridge		8
3	W.Searle	c Slater	87	(4) c W.Broadbridge		0
4	Mr.W.Ward	c Thwaites	35	absent		0
5	Mr.E.H.Budd	c Brown	9	(3) c Hooker		6
6	J.Saunders	c Willis	16	(7) not out		32
7	T.Beagley	c J.Broadbridge	60	(6) b J.Broadbridge		7
8	Mr.W.Potter	b J.Broadbridge	8	(1) c Brown		0
9	T.Marsden	not out	18	(5) b J.Broadbridge		4
10	W.Ashby	b J.Broadbridge	3	b Lillywhite		0
11	J.Burt	run out	0	( ) c Brown		0
	Extras	b 10, w 1	11	b 1, w 1		2
	Total		248			83

1- 2- 3- 4- 5- 6- 7- 8- 9- 10-248   1- 2- 3- 4- 5- 6- 7- 8- 9-83

SUSSEX

1	F.W.Lillywhite	c Freemantle	0	c Saunders		11
2	C.Lanaway	b Burt	0	b Marsden		2
3	G.Brown	b Ashby	8	b Ashby		10
4	J.Broadbridge	c Saunders	6	c Freemantle		52
5	W.Hooker	b Ashby	6	b Ashby		3
6	W.Broadbridge	c Saunders	16	c Budd		18
7	R.C.Willis	b Burt	4	run out		2
8	E.Thwaites	c Marsden	3	b Burt		0
9	G.Faulkner	not out	1	b Ashby		9
10	C.Duff	c Marsden	1	st Saunders		9
11	J.Slater	b Burt	3	not out		2
	Extras			b 3, w 3		6
	Total		48			124

1- 2- 3- 4- 5- 6- 7- 8- 9- 10-48   1- 2- 3- 4- 5- 6- 7- 8- 9- 10-124

Sussex Bowling

	O	M	R	W	O	M	R	W
Lillywhite				2				2
J.Broadbridge				2				3

England Bowling

	O	M	R	W	O	M	R	W
Burt				3				1
Ashby				2				3
Marsden								1

Umpires: J.H.Dark and T.C.Howard   Toss:

Close of Play: 1st day: England (1) 248 all out. 2nd day: England (2) 63-6 (Saunders 19*, Freemantle 18*).

KENT v SUSSEX

Played on The Vine, Sevenoaks, August 10, 11, 1829.

Kent won by eight wickets.

SUSSEX
1. Mr.G.Tomplin
2. Mr.P.Vallance
3. F.W.Lillywhite
4. J.Broadbridge
5. G.Brown
6. C.Lanaway
7. H.Morley
8. G.Meads
9. H.Ayres
10. E.Thwaites
11. W.Slater
    Extras

    Total
    1- 2- 3- 4- 5- 6- 7- 8- 9- 10-   1- 2- 3- 4- 5- 6- 7- 8- 9- 10-

KENT (with Searle)
1. Mr.H.Jenner
2. Mr.H.Norman
3. Mr.T.Walton
4. Mr.P.H.Dyke
5. Mr.G.Claridge
6. E.G.Wenman
7. G.Wenman
8. R.Mills
9. G.Mills
10. Wood
11. W.Searle
    Extras

    Total   (2 wickets)
    1- 2- 3- 4- 5- 6- 7- 8- 9- 10-   1- 2-

Kent Bowling

                  O   M   R   W   O   M   R   W

Sussex Bowling

                  O   M   R   W   O   M   R   W

Umpires: Toss:

Details of this match are not known. The teams noted above were those advertised to play according to the *Maidstone Journal* on August 4, but as teams did not always play as advertised no player has been credited with a match in career statistics.

SUSSEX v ENGLAND

Played at Royal Grounds, Brighton, August 17, 18, 19, 1829.

England won by 59 runs.

ENGLAND

1	Mr.W.Keen	b J.Broadbridge	10	c Meads		5
2	F.Wells	b Lillywhite	9	c Brown		2
3	W.Searle	b Brown	8	b J.Broadbridge		7
4	F.Pilch	b Lillywhite	18	c Lillywhite		0
5	J.Saunders	hit wkt	3	not out		26
6	T.Beagley	b Lillywhite	10	st Slater		0
7	T.Marsden	c Vallance	29	c Thwaites		0
8	Mr.H.R.Kingscote	b Brown	1	b Lillywhite		14
9	Mr.C.J.Barnett	c Lillywhite	6	b J.Broadbridge		0
10	W.Mathews	c Lanaway	0	c Lanaway		0
11	W.Ashby	not out	0	b Lillywhite		0
	Extras		9			3
	Total		103			57

1- 2- 3- 4- 5- 6- 7- 8- 9- 10-103

1- 2- 3- 4- 5- 6- 7- 8- 9- 10-57

SUSSEX

1	H.Warner	c Mathews	0	not out		4
2	Mr.P.Vallance	b Pilch	2	c Pilch		1
3	W.Hooker	c Saunders	2	b Pilch		1
4	G.Brown	b Pilch	11	c Marsden		12
5	J.Broadbridge	b Ashby	6	b Ashby		0
6	W.Broadbridge	run out	0	c Beagley		9
7	E.Thwaites	c Pilch	4	c Kingscote		1
8	C.Lanaway	b Pilch	3	b Ashby		0
9	G.Meads	not out	11	c Saunders		6
10	F.W.Lillywhite	st Saunders	7	st Saunders		5
11	W.Slater	st Saunders	1	b Pilch		5
	Extras	w 1	1			9
	Total		48			53

1- 2- 3- 4- 5- 6- 7- 8- 9- 10-48

1- 2- 3- 4- 5- 6- 7- 8- 9- 10-53

Sussex Bowling

	O	M	R	W	O	M	R	W
J.Broadbridge				1				2
Lillywhite				3				2
Brown				2				

England Bowling

	O	M	R	W	O	M	R	W
Pilch				3				2
Ashby				1				2

Umpires: J.H.Dark and B.Dark   Toss:

Close of Play: 1st day: Sussex (1) 48 all out. 2nd day: no play due to rain.

SHEFFIELD v NOTTINGHAM

Played at Darnall, August 24, 25, 26, 27, 28, 1829.

Nottingham won by 18 runs.

NOTTINGHAM

1	E.Vincent	hit wkt b Marsden	7	( ) run out	0
2	T.Heath	b Marsden	1	( ) b Rawlins	8
3	T.Barker	b Marsden	10	b Rawlins	2
4	G.Jarvis	c Smith	0	(2) c sub (Hammond)	9
5	W.Clarke	c C.Dearman	41	c Rawlins	2
6	W.Hewitt	hit wkt	3	st J.Dearman	0
7	J.Kettleband	c Hall	4	b Rawlins	0
8	J.Dennis	c Woolhouse	14	b Rawlins	0
9	W.Sheraton	hit wkt	2	not out	0
10	J.Day	not out	1	(1) b Marsden	4
11	J.Hilton	run out	2	c Rawlins	0
	Extras	w 9	9	b 1, w 3	4
	Total		94		29

1- 2- 3- 4- 5- 6- 7- 8- 9- 10-94

1- 2- 3- 4- 5- 6- 7- 8- 9- 10-29

SHEFFIELD

1	*W.H.Woolhouse	c Barker	5	c sub (Oscroft)	5
2	G.E.Dawson	b Hilton	0	run out	3
3	G.Smith	run out	9	c Barker	11
4	T.Marsden	b Barker	30	c Vincent	7
5	H.Hall	c sub (Oscroft)	9	run out	13
6	J.Dearman	b Barker	0	b Hilton	0
7	W.Taylor	b Barker	0	not out	0
8	C.Dearman	not out	1	b Barker	4
9	G.Rawlins	c Barker	0	c Hilton	0
10	G.Skinner	b Hilton	0	lbw	0
11	W.Wilson	st Vincent	0	c sub (Oscroft)	0
	Extras			b 1, w 7	8
	Total		54		51

1- 2- 3- 4- 5- 6-53 7- 8- 9- 10-54

1- 2- 3- 4- 5- 6-51 7-51 8-51 9-51 10-51

Sheffield Bowling

	O	M	R	W		O	M	R	W
Marsden				3					1
Rawlins									4

Nottingham Bowling

	O	M	R	W		O	M	R	W
Hilton				2					1
Barker				3					1

Umpires: Toss: Sheffield

Close of Play: 1st day: No play. 2nd day: Sheffield (1) ?-2 (Marsden and Smith not out). 3rd day: No play. 4th day: Nottingham (2) 8-0 (Day and Jarvis not out).

Hammond was fielding for Dawson when he took his catch and Oscroft was fielding for Dennis when he took his catches.

SURREY v ENGLAND

Played at Godalming, August 27, 28, 1829.

Surrey won by four wickets.

ENGLAND
1	Mr.J.E.G.Bayley	hit wkt	1	not out	2
2	W.Pilch	b Lillywhite	2	b Broadbridge	3
3	T.Beagley	c Searle	6	run out	1
4	F.Pilch	b Broadbridge	4	c Richards	4
5	G.Brown	c Saunders	1	b Lillywhite	13
6	G.Freemantle	c Broadbridge	2	st Saunders	2
7	Mr.T.G.Blake	c Woods	19	c Broadbridge	26
8	Mr.W.Ward	b Broadbridge	6	c Roker	37
9	Mr.S.Pontifex	c Lillywhite	0	b Broadbridge	0
10	W.Ashby	not out	0	b Lillywhite	3
11	Mr.B.Aislabie	lbw	0	lbw	2
	Extras	w 1	1	b 2, w 3	5
	Total		42		98

1- 2- 3- 4- 5- 6- 7- 8- 9- 10-42

1- 2- 3- 4- 5- 6- 7- 8- 9- 10-98

SURREY (with Lillywhite and Broadbridge)
1	Mr.W.Keen	c Beagley	7	b W.Pilch	15
2	C.Woods	b Ashby	1	not out	3
3	J.Broadbridge	b W.Pilch	6	b W.Pilch	2
4	J.Saunders	c Blake	7	hit wkt	18
5	F.W.Lillywhite	st Blake	3	not out	22
6	Mr.H.R.Kingscote	hit wkt	15	b W.Pilch	3
7	W.Searle	c F.Pilch	9	b F.Pilch	5
8	B.Caesar	c Blake	0	c Blake	10
9	J.Roker	run out	1		
10	G.Richards	b W.Pilch	8		
11	Mr.Mills	not out	0		
	Extras	b 1, w 1	2	b 1, w 5	6
	Total		59	(6 wickets)	84

1- 2- 3- 4- 5- 6- 7- 8- 9- 10-59

1- 2- 3- 4- 5- 6-

Surrey Bowling
	O	M	R	W	O	M	R	W
Lillywhite				1				2
Broadbridge				2				2

England Bowling
	O	M	R	W	O	M	R	W
Ashby				1				
W.Pilch				2				3
F.Pilch								1

Umpires:

Toss:

Close of Play: 1st day:

NOTTINGHAM v SHEFFIELD

Played on the Forest Ground, Nottingham, September 7, 8, 9, 10, 11, 1829.

Nottingham won by 77 runs.

NOTTINGHAM

1	T.Heath	st J.Dearman	2	c Webster		4
2	E.Vincent	b Rawlins	42	c Smith		0
3	G.Jarvis	c Marsden	50	b Hall		22
4	W.Clarke	c Rawlins	10	lbw		0
5	W.Hewitt	st J.Dearman	12	b Rawlins		0
6	T.Barker	b Marsden	21	run out		2
7	J.Kettleband	c Smith	6	b Marsden		19
8	J.Dennis	b Marsden	0	b Hall		0
9	W.Sheraton	st J.Dearman	1	not out		0
10	J.Day	not out	2	run out		5
11	J.Hilton	b Marsden	1	run out		0
	Extras	b 4, w 6	10	w 4		4
	Total		157			56

1-4 2-99 3- 4- 5- 6- 7- 8- 9- 10-157

1-0 2-6 3- 4-14 5-14 6-51 7- 8- 9- 10-56

SHEFFIELD

1	G.Rawlins	b Hilton	7	( ) b Barker		2
2	G.Smith	b Barker	6	b Hilton		25
3	C.Dearman	b Hilton	0	(1) c Hewitt		12
4	T.Marsden	b Barker	2	b Barker		0
5	W.H.Woolhouse	b Hilton	3	st Dennis		9
6	H.Hall	b Hilton	11	c Heath		7
7	W.Taylor	c Heath	0	b Barker		1
8	J.Webster	run out	2	b Barker		4
9	J.Dearman	c Dennis	0	st Dennis		23
10	W.Wilson	not out	0	not out		3
11	H.Thompson	b Barker	1	b Barker		6
	Extras	b 1, w 6	7	w 5		5
	Total		39			97

1-15 2- 3- 4-20 5- 6-24 7- 8-32 9- 10-39

1- 2- 3- 4- 5- 6- 7- 8- 9- 10-97

Sheffield Bowling

	O	M	R	W		O	M	R	W
Rawlins				1					1
Marsden				3					1
Hall									2

Nottingham Bowling

	O	M	R	W		O	M	R	W
Hilton				4					1
Barker				3					5

Umpires: W.Charlton and W.Taylor   Toss: Sheffield

Close of Play: 1st day: Nottingham (1) 149-5. 2nd day: Nottingham (2) 25-5 (Jarvis 9*, Kettleband 6*). 3rd day: Sheffield (2) 0-0 (C.Dearman 0*, Smith 0*). 4th day: No play due to rain.

INDEX OF 1820-1829 MATCH SCORECARDS

The Bs
  v England 24, 27, 36, 49, 78
Cambridge Town Club
  v Cambridge University 4, 5, 10, 16, 42, 54, 62, 63, 76, 92
Cambridge University
  v Cambridge Town Club 4, 5, 10, 16, 42, 54, 62, 63, 76, 92
  v Oxford University 65. 94
England
  v The Bs 24, 27, 36, 49, 78
  v Hampshire 7, 32, 82
  v Surrey 97, 102
  v Sussex 64, 66, 70, 79, 81, 98, 100
  v Yorkshire, Leicestershire and Nottinghamshire 86
Gentlemen
  v Players 6, 14, 21, 30, 37, 48, 67, 69, 95
Godalming
  v Hampshire 46, 50
  v M.C.C. 11, 12, 19, 20, 34, 35, 44, 45
  v Sussex 38, 39
Hampshire
  v England 7, 32, 82
  v Godalming 46, 50
  v M.C.C. 13
  v Sussex 51, 52
Hampshire and Surrey
  v Sussex 56, 58
Kent
  v M.C.C. 22, 23, 29, 31, 68, 77
  v Surrey 87, 89
  v Sussex 43, 47, 59, 60, 72, 74, 83, 84, 96, 99
Left-Handed
  v Right-Handed 80
M.C.C.
  v Godalming 11, 12, 19, 20, 34, 35, 44, 45
  v Hampshire 13
  v Kent 22, 23, 29, 31, 68, 77
  v Middlesex 55
  v Norfolk 8
  v Sussex 26, 28

M.C.C. Eight
  v M.C.C. Ten 18
M.C.C. First Nine
  v M.C.C. Second Nine 17
M.C.C. Second Nine
  v M.C.C. First Nine 17
M.C.C. Ten
  v M.C.C. Eight 18
Married
  v Single 93
Middlesex
  v M.C.C. 55
Norfolk
  v M.C.C. 8
Nottingham
  v Sheffield 71, 73, 85, 88, 101, 103
  v Sheffield and Leicester 57
Oxford University
  v Cambridge University 65, 94
Players
  v Gentlemen 6, 14, 21, 30, 37, 48, 67, 69, 95
Right-Handed
  v Left-Handed 80
Sheffield
  v Nottingham 71, 73, 85, 88, 101, 103
Sheffield and Leicester
  v Nottingham 57
Single
  v Married 93
Surrey
  v England 97, 102
  v Kent 87, 89
Sussex
  v England 64, 66, 70, 79, 81, 98, 100
  v Godalming 38, 39
  v Hampshire 51, 52
  v Hampshire and Surrey 56, 58
  v Kent 43, 47, 59, 60, 72, 74, 83, 84, 96, 99
  v M.C.C. 26, 28
Yorkshire, Leicestershire and Nottinghamshire
  v England 86